Frauen lernen anders

Telse Maria Kähler

Telse Maria Kähler

Weiterbildung – Wiedereinstieg - Neuanfang

Frauen lernen anders

Erfahrungen – Methoden - Strategien

Bibliografische Information der Deutschen Nationalbibliothek:
Die Deutsche Nationalbibliothek verzeichnet diese Publikation in der Deutschen Nationalbibliografie; detaillierte bibliografische Daten sind im Internet über http://dnb.dnb.de abrufbar.

© 2016 Telse Maria Kähler
1. Veröffentlichung 2007
Überarbeitung und Neuauflage:
Vers. 1 2016 / Vers. 2 2018
Umschlaggestaltung: Telse Kähler
Foto: © Minerva Studio, Fotolia

© 2016
Herstellung und Verlag: BoD – Books on Demand, Norderstedt

ISBN: 978-3-7412-9827-1

MIX
Papier aus verantwortungsvollen Quellen
Paper from responsible sources
FSC® C105338

„Neugierig lerne ich, leicht und schnell ..."

Danke

Ich danke allen, die durch ihre Forschungen, ihre Veröffentlichungen, ihre Mithilfe und ihre Kritik dazu beigetragen haben, dass dieses Buch möglich wurde.

Inhaltsverzeichnis

Vorwort 9

Wer sein Ziel kennt … 13

Felder des Lernens 21

Praktische Hilfen erleichtern das Lernen 34
    Lernumgebung 34
    Der Arbeitsplatz 35
    Die Arbeitsmaterialien 38
    Lernzeiten 39
    Pausen 42
    Ruhe 44

Dem Lernen einen Rahmen geben 47
    Die innere Haltung 47
    Lernen im Schlaf 51
    Keine Zeit oder meine Zeit 54
    Nein sagen 58
    Das eigene Denken 61
    Worte 64
    Die Wand zwischen den Worten und uns 66

Lernen aktiv gestalten 71
    Aktiv lesen 71
    Verstärker suchen 74
    Informationssammlung 76
    Offen sein 81

Zuhören	82
Fragen stellen	84
Fehler machen	86
Wiederholen	87
Üben	89
Spielen	91
Intuition zulassen	93
Keine Lust zu lernen	**95**
Verhaltensmuster kennen	95
Wenn Glaubenssätze hemmen	101
Familienspiele	104
Ich erlaube mir!	108
Leichter lernen	**110**
Zwei Gehirnhälften – ein perfektes Team	111
Brain- Gym®	117
Frühkindliche Reflexe	122
Anspannen – Entspannen	127
Selbstheilungskräfte aktivieren und nutzen	129
Wasser	131
Mit allen Sinnen lernen	**133**
Frauen lernen anders	**141**
Lernen fürs Leben – Leben ist Lernen	**147**
Anhang	**153**
Weitere Bücher	**157**
Über die Autorin	**159**

Vorwort

Die neuen Erkenntnisse aus den Forschungen der Neurowissenschaften und der Epigenetik belegen es: Frauen lernen anders als Männer und Kinder.

Beruflicher Neuanfang, Weiterbildung oder Wiedereinstieg in den Beruf – in den unterschiedlichen Lebensphasen einer Frau gibt es immer wieder Situationen, in denen sie sich neu orientieren will oder muss. Wer als Frau seine zweite Berufskarriere plant oder sich neben Familie und Beruf weiterqualifizieren will, benötigt andere Kompetenzen als in den Anfangsjahren seines Berufslebens. Dieses Buch will Mut machen, sich entspannt auf diese Herausforderungen einzulassen.

Im Spannungsfeld von Beruf/Familie wird eine Bildungsmaßnahme oft zu einer zusätzlichen Belastung im Lebensalltag. Um sie erfolgreich meistern zu können, sind Organisationsgeschick und Selbstlernkompetenzen gefordert. Beides kann man lernen.

Als ich mich mit Mitte vierzig entschloss, Informatik in einem Weiterbildungsstudiengang zu studieren, war ich auf der einen Seite glücklich, endlich mein autodidaktisch erworbenes Wissen auf ein solides Fundament stellen zu können, auf der anderen Seite war ich halbtags berufstätig und hatte zwei heranwachsende Kinder, also wenig Zeit. Ich plante einen Berufswechsel und dafür sollte mir das Studium die nötigen Grundlagen bringen.

Mit anderen Worten: Ich wollte meine Tätigkeit als Buchhalterin und Dozentin für Computeranwendungen gegen einen Beruf im IT-Bereich eintauschen.

Das Weiterbildungsstudium erwies sich als persönliche Herausforderung. Dabei waren es nicht die Lerninhalte, die meine Motivation ins Wanken brachten, sondern die mühsame Organisation rund um das Lernen.

Dem Lernen einen Rahmen geben, praktische Lernhilfen nutzen, aber auch der Frage nachgehen, was und womit ich mich selbst blockiere – hätte ich zu Beginn meiner Bildungsmaßnahme einen Ratgeber wie diesen zur Hand gehabt, wäre vieles leichter gewesen.

Während meiner langjährigen Berufstätigkeit in einem kleinen Industriebetrieb war ich an der Planung und Einführung der Informationstechnologie ins Unternehmen sowie der darauffolgenden Umstrukturierung in den einzelnen Abteilungen hautnah beteiligt gewesen. Um meinen Kolleginnen und Kollegen den Umgang mit der neuen Technik zu erleichtern, hatte ich begonnen, betriebsinterne Schulungen zu geben.

Später waren Kurse bei der VHS und an anderen Bildungseinrichtungen hinzugekommen. Während dieser Kurse hatte ich das Phänomen „Frauen benötigen einen anderen Zugang zur Computertechnologie als Männer" kennengelernt.

Warum war das so? Um dieser Frage auf den Grund zu gehen, beschäftigte ich mich schwerpunktmäßig mit dem Thema „Lernen". Dabei stieß ich sehr schnell auf das ganzheitliche Lernen und seine Vorteile.

Während meines Studiums hatte ich dann die Chance, mein erworbenes Wissen auf Tauglichkeit zu testen. Diese Erfahrungen habe ich aufgeschrieben, um sie möglichst vielen Lernenden zugänglich zu machen.

Frauen lernen anders – Wer den Emanzipationsgedanken mit Gleichsein verwechselt hat, dem fällt es manchmal schwer, sich bewusst auf typisch weibliche Ressourcen zu besinnen. Trotzdem lohnt es sich, weil dadurch weitere, vielleicht bisher noch unbekannte Kapazitäten freigesetzt werden.

Lernen hat viele Gesichter - Aus diesem Grund beschäftigt sich dieses Buch mit Strategien, Techniken und Lernblockaden. Gleichzeitig gibt es hilfreiche Tipps, wie man sich das Lernen in den Lernphasen leichter gestalten kann. Ein Ausprobieren lohnt sich, denn nur dadurch merkt man, ob etwas zum eigenen Lebensstil passt oder nicht.

Als Ansprache habe ich das DU gewählt, so ist es leichter, dich durch das Buch zu begleiten.

Aus Gründen der besseren Lesbarkeit habe ich auf eine geschlechtsspezifische Differenzierung verzichtet. Entsprechende Begriffe gelten im Sinne der Gleichbehandlung selbstverständlich für beide Geschlechter.

Zum Abschluss noch ein persönlicher Tipp:

Betrachte das projektbezogene Lernen doch einmal als Expedition in ein neues, unerforschtes Land – das Land des Wissens. Spürst du die Abenteuerlust?

Eine gute Reise und viel Erfolg!
Telse Maria Kähler

Wer sein Ziel kennt ...

Wer einen Weg sucht, sollte das Ziel kennen.

Am Anfang jeder Reise, zu Beginn jeder Reiseplanung wird das Ziel festgelegt. Erst dann widmet man sich der Überlegung, wie dieses Ziel erreicht werden kann. Bekanntlich führen viele Wege nach Rom ...
   Eine möglichst genaue Zieldefinition und Vision erleichtert das Erreichen der Ziele. Daher stehen sie auch bei einem Bildungs- oder Weiterbildungsprojekt an erster Stelle.

Was kann passieren, wenn es kein genaues Ziel vor Augen gibt:

- Wir erhalten keine nützlichen Informationen.

- Wir können nicht richtig planen
und irren nur ziellos im Nebel herum.

- Wir fällen keine Entscheidungen – und wenn Entscheidungen stattfinden, handeln wir trotzdem zögernd und wahllos.

- Die Realisierung der Pläne wird nicht gesteuert. Oftmals wird hart gearbeitet – aber ins Ungewisse hinein.

- Wir haben keine Kontrolle.
Es ist kein Vergleich zwischen der Zielsetzung und dem erreichten Ergebnis möglich: Wo stehe ich?

- Wir nehmen keine oder nur unzureichende Korrekturen von sachlichen Mängeln vor, damit also auch keine Verbesserung oder Veränderung von angewandten Techniken oder Verfahren.

- Es findet keine oder nur eine unzureichende Korrektur menschlicher Irritationen statt, zum Beispiel eine Änderung des eigenen Verhaltens oder die Suche nach anderen, geeigneten Lernpartnern.

*Ohne Ziele leidet unsere
Anpassungsfähigkeit und Flexibilität.*

Alles gute Gründe, die dafür sprechen, ein klares Ziel im Blick zu haben. Darum steht beim Projekt LERNEN eine klare Zieldefinition an erster Stelle.

- Was will ich erreichen?
- Wie will ich es erreichen?
- Wo genau will ich hin?
- Wann will ich beginnen?
- Wer wird mich begleiten?

Es lohnt sich, diese Fragen vor Beginn der Aktivitäten zu klären. Viel Frustration und Zeitverschwendung lassen sich durch die eigene Klarheit beim Handeln vermeiden.

Oftmals ist das übergeordnete Ziel bekannt, etwa der Abschluss einer Fachschule. Der Weg dorthin ist weit. In solchen Fällen ist es hilfreich, sich viele kleine Zwischenziele zu setzen. Dann erscheint der Berg nicht so hoch, weil der Gipfel in Etappen erreicht werden kann.

Bei meinem Projekt „Informatik für Frauen" war ich mir sehr wohl über das übergeordnete Ziel im Klaren. Dass es dienlich ist, viele kleine Zwischenziele zu setzen, und wie motivationsfördernd es ist, wenn diese Zwischenziele erreicht werden, das hatte ich zwar gelesen, doch nie bewusst ausprobiert. Zu Beginn des Studiums hatte ich einfach drauflos gewirtschaftet, bis ich auf die obige Liste stieß. Heute weiß ich:

Je klarer das Ziel definiert werden kann und je klarer die erforderlichen Zwischenziele gesetzt werden, desto erfolgreicher verläuft der Lernprozess.

*Je klarer du deine Ziele definierst,
desto erfolgreicher bist du.*

Im Laufe meines Lebens habe ich etliche Seminare und Schulungen besucht. Dabei stellte ich einen großen Unterschied in der Effektivität der Lehrveranstaltungen fest. Bei vielen allgemeinen Kursen zur Weiterbildung verspürte ich das Gefühl, sie brachten das, was ich eigentlich wissen und lernen wollte, nicht auf den Punkt. Oft blieb dann ein schaler Geschmack zurück, ohne dass ich wusste, woran es lag.

Irgendwann forschte ich nach den Ursachen und fand heraus, dass fast alle berufsbedingten Seminare und Schulungen folgende Gemeinsamkeiten hatten:

- Die Inhalte der Veranstaltungen mussten die Möglichkeit einer sofortigen Umsetzung im Unternehmen garantieren.
- Alle trugen dazu bei, die Effizienz im Unternehmen zu steigern ...
- ... oder sie halfen die Kosten in einem Unternehmen zu reduzieren ...
- ... oder sie lieferten Ideen, Visionen und Strategien für die Zukunft, damit der Fortbestand des Unternehmens gesichert wurde.

Keine dieser Veranstaltungen wurde rein zum Selbstzweck durchgeführt. Sofort umsetzbar und sofort anwendbar – dies stand bei der Bewertung guter beruflicher Seminare immer im Vordergrund. Jede Schulung war mit einem klaren Ziel verbunden. In jedem Fall erfolgte ein Zuwachs, denn nur dafür waren und sind Unternehmen bereit, Geld und Zeit zu investieren.

Wie anders sah es dagegen oft in meiner Schulzeit aus. Spontan stellte sich mir die Frage, warum ein Kind Zeit und Energie aufwenden soll, wenn ein Ziel weder sichtbar noch greifbar ist. Die Erkenntnis der Erwachsenen „Es ist wichtig für später!" ist für ein Kind viel zu diffus, denn was ist schon „später"? Ein mulmiges Gefühl, ob es dieser Aussage überhaupt vertrauen kann, bleibt ohnehin: Ob wir es wollen oder nicht, unsere Gesellschaft vermittelt den

Kindern mehr oder weniger viel Zukunftsangst und Unsicherheit.

Warum also sollen wir Zeit und Energie investieren, ohne zu wissen wofür? Das Wasser nimmt den leichtesten Weg – und auch wir Menschen suchen uns meist den leichtesten Weg, um durchs Leben zu kommen. Warum also sollen wir uns abmühen, wenn wir nicht wissen wofür?

Kinder sind neugierig, und jedes Kind lernt am leichtesten, wenn der Lernstoff einen Bezug zum Alltag hat. Es begreift besser, wenn es reale, persönliche Vorteile in seinem Tun erkennt. Gute Pädagogen gestalten deshalb den Schulalltag entsprechend abwechslungsreich.

Auch Erwachsene brauchen eine genaue Vorstellung davon, warum sie etwas tun sollen, zumal wenn es mit größerem Aufwand verbunden ist.

Ziele werden über den Verstand definiert. Die Ratio oder Vernunft ist jedoch nur ein Teil der menschlichen Persönlichkeit.

Ein anderer, wesentlicher Teil sind die Gefühle, Emotionen und die Intuition. Gelingt es uns, ein gutes Gefühl für eine Sache oder für das Ziel zu entwickeln, geht vieles leichter. Wenn wir mit einem guten Gefühl ein Projekt anpacken, sind wir wesentlich motivierter, als wenn wir ein Projekt nur aus einem reinen Sachzwang heraus beginnen.

Hier einige Vorschläge, wie ein Ziel ganzheitlich verankert werden kann:

✓ Eine fruchtbare Zielformulierung ist immer positiv, so als wäre das Ziel bereits erreicht worden. Stell dir bildlich vor, wie du aussiehst und dich fühlst, wenn du alles bestmöglich bewältigt hast.

Beispiel: Ich verfüge über die notwendige Methodenkompetenz, um Mitarbeitergespräche ergebnisorientiert führen zu können.

✓ Die inneren Bilder werden verstärkt, wenn das konkrete Ziel schriftlich festgehalten wird.

✓ Stelle körperlich dar, wie du aussiehst, wenn du das Ziel erreicht hast. Nimm die Körperhaltung ein, in der du den Lernerfolg richtig spüren kannst. Genieße das angenehme Gefühl, das sich einstellt, wenn das Ziel erreicht worden ist.

Wer sich noch nie mit dem Thema Visualisieren – mit seiner eigenen bildlichen Vorstellungskraft – beschäftigt hat, wird sich am Anfang vielleicht etwas schwertun. Sobald sich jedoch die ersten Erfolge einstellen, mag man die positive Motivation, die von den inneren Bildern ausgeht, nicht mehr missen.

Wer Lust hat, kann seine Ziele aufzeichnen oder eine Zielcollage anfertigen, denn visuelle Vorstellungen haben die Tendenz, sich zu verwirklichen.

Der menschliche Körper ist ein riesiger Datenspeicher. In ihm werden auch alle Gefühle, positive wie destruktive, gespeichert. Der ganzheitliche Ansatz, ein Ziel zu verankern, hilft, den bevorstehenden Lernprozess mit einem positiven Gefühl zu verbinden. Negative Gefühle können sich als Blockaden erweisen, die das Lernen erschweren, wenn nicht sogar unmöglich machen.

Mit einem positiven, also „guten" Gefühl eine Aufgabe zu beginnen heißt: mit Freude, Spaß und Neugierde auf das fremde Gebiet zuzusteuern.

Wer leichter lernen will, sollte sein gesamtes Potential nutzen – und das fängt mit der richtigen Zieldefinition an.

Erfolgreiche Menschen arbeiten übrigens oft mit inneren Bildern. Das Gefühl, das entsteht, wenn sich die inneren Bilder für Projekte, Pläne oder Geschäfte vor ihrem inneren Auge entwickeln, entscheidet darüber, ob sie eine Sache anpacken oder nicht. Im Volksmund sagt man dazu: „Sie haben den richtigen Riecher."

Nachdem du dir dein persönliches Ziel, das du mit dieser Lernmaßnahme erreichen willst, noch einmal ganz bewusst vor Augen geführt hast, ist der nächste Schritt, sich ein gutes Lernfeld aufzubauen.

Fast jeder kennt den Begriff „Flow". Als Flow bezeichnet man ein als beglückend erlebtes Gefühl eines mentalen Zustandes der völligen Vertiefung, also der vollen Konzentration oder eines restlosen Aufgehens in eine Tätigkeit.

Beim Lernen in solch einen Schaffens- bzw. Tätigkeitsrausch zu gelangen, ist nicht nur ein tolles Gefühl, es beflügelt das Lernen ungemein.

Das Schaffen eines geeigneten Lernfeldes trägt ganz erheblich dazu bei, ob es gelingt, in diesen Flow zu kommen oder nicht.

Beschäftigen wir uns deshalb als nächstes mit den Lernfeldern.

Felder des Lernens

Das persönliche Lernfeld

Für viele Menschen beginnt mit der Situation „zu lernen" eine neue Zeit. Viele Dinge rund um den Lernalltag sind ungewohnt und müssen organisiert werden. Dieser Prozess der Umstellung ist der richtige Moment, sich einmal mit seinem persönlichen Lernumfeld vertraut zu machen. Dies gelingt mit einfachen Fragen wie:

- Was kann mir helfen?
- Was könnte mich stören?
- Wie gestalte ich meine Zeitplanung?
- Muss ich Fahrzeiten einkalkulieren – und wenn ja, lassen sich diese Zeiten für meine Lernzwecke nutzen?
- Welche Rücksichten muss ich nehmen?
- Wie kreiere ich mein Umfeld so förderlich, dass ich mich optimal auf das Lernen einlassen kann?

Wenn aus einem latenten Wunsch, zum Beispiel einen Internetführerschein zu machen oder eine Ausbildereignungsprüfung abzulegen oder vielleicht sogar ein Fernstudium zu absolvieren, ein konkretes Ziel geworden ist, heißt der nächste Schritt: ein positives Lernfeld für sich aufbauen.

Ein persönliches Lernfeld entsteht mit einer positiven Einstellung zum eigenen Ziel und zum Prozess des Lernens.

Es ist hilfreich, sich von Anfang an mit dem Ziel, aber auch mit dem Lohn, der nach Erreichen des Ziels auf einen wartet, vertraut zu machen. Nichts hält dich davon ab, dir deinen „Sieg" in den schönsten Farben auszumalen. Eine ganzheitliche Zieldefinition ist somit gleichzeitig der erste Schritt zum Aufbau eines schönen Lernfeldes.

Warum ist es wichtig, ein möglichst schönes persönliches Lernfeld zu erzeugen?

- ✓ In einer aufgeschlossenen, erwartungsvollen Stimmung geht das Lernen leichter.

- ✓ Frauen lernen anders. In vielen Bereichen lernen Frauen zweckbezogen. Sie müssen von vornherein mit den Vorteilen des Ergebnisses ihrer Arbeit vertraut sein. Wenn sie den Sinn nicht erkennen, sperren sie sich oft unbewusst gegen die Lerninhalte. So entsteht eine Mauer zwischen dem Fachwissen und der Person.

- ✓ Männer eignen sich vieles spielerisch an. Sie brauchen Raum zum Experimentieren und Ausprobieren.

Dein persönliches Lernfeld hilft dir dabei, dich voll auf das Lernen zu konzentrieren.

Sich unbefangen mit einem Fachgebiet vertraut zu machen, um sich einen Überblick zu verschaffen – das könnte mit folgenden Fragen beginnen:

- Welche Vorteile bringt es mir, viel darüber zu wissen?
- Kann ich es beruflich umsetzen?
- Erweitert es meinen Erfahrungshorizont?
- Kann ich mit diesem Wissen anderen helfen?

Praxis-Tipp
Nimm ein Blatt Papier und notiere mindestens 10 Gründe, warum du ausgerechnet über dieses Wissen zu dieser Zeit verfügen willst. Schreibe immer positiv bejahend, etwa: „Ich bin in der Lage, die Vorgänge des Verdauungssystems zu verstehen, und kann insofern Störungen leichter erkennen."

Dieses Verfahren lässt sich sowohl auf den ganzen Lernprozess als auch auf einzelne Einheiten, zum Beispiel die Ausarbeitung eines Referats, anwenden. Sobald man merkt, dass die Lust fehlt, sich mit diesem Thema zu befassen, hilft es zu wissen, welche Vorteile es einem bringt, gerade über diese Dinge Bescheid zu wissen.

Eine andere Methode der Motivation bildet die ABC-Liste.

Die ABC-Liste
Als Überschrift dient immer das gewünschte Ziel. In alphabetischer Reihenfolge werden jetzt alle Faktoren aufgeschrieben, die einen zu diesem Ziel führen

können. Am besten schreibt man alles auf, was einem in den Sinn kommt, und lässt sich nicht von zensierenden Gedanken („So ein Quatsch!", „Das geht doch nicht!") begrenzen.

Die Ergebnisse dieser Liste sind oft überraschend gut. Manche meiner spontan entstandenen Gedanken ließen sich problemlos im Alltag realisieren. Es ist wirklich erstaunlich, wie schöpferisch wir sind, wenn wir nicht zu viel denken!

Sich beim Lernen wohlfühlen steht im Mittelpunkt des Themas „Persönliches Lernfeld".

Tätigkeiten, die wir gut gelaunt verrichten, erweitern das eigene Wahrnehmungsfeld, und mit einem erweiterten Wahrnehmungsfeld werden Informationen nicht nur leichter aufgenommen, sondern gleich mit dem vorhandenen Wissen verknüpft.

Das Wohlgefühl beim Lernen kann durch eine angenehme Umgebung und eine harmonische Atmosphäre unterstützt werden. Zum Positiven und zum Negativen hat der Mensch durch seine Worte, seine Emotionen und sein Handeln Anteil an dem uns alle umgebenden Energiefeld.

Anhand der Erforschung des morphogenetischen Netzes durch R. Sheldrake ist bekannt, dass Informationen innerhalb eines gemeinsamen Energiegitters übertragen werden. Beim Lernen haben wir es deshalb mit einem „persönlichen Lernfeld" und einem „Gruppenlernfeld" zu tun. Das Energiefeld, in dem sich eine Person befindet, ist ihr eigenes Feld, ihr persönliches Lernfeld – ein Feld, in dem sich die Informationen und das Wissen der einzelnen Person befinden. Fühlt sich die Person wohl, ist sie mit sich im Einklang und zufrieden, strahlt sie eine positive, schöne Energie aus. Geht es ihr nicht gut, hat sie Ärger oder ist sie wütend, gehen von ihr niedrige, manchmal sogar destruktive Schwingungen aus.

Diese wiederum sind nicht nur bedeutsam für das eigene Wohlbefinden, sondern auch für das Gruppenlernfeld. Besonders feinfühlige Menschen und Kinder reagieren auf die Stimmungen (Schwingungen) ihres Umfelds sehr empfindlich.

Wer sich nicht wohlfühlt, kann sich schlecht konzentrieren und kann somit auch schlecht lernen.

Das Gruppenlernfeld

Jede Person hat ein Energiefeld, durch das sie mit allem, was ist, verbunden ist. Aus diesem persönlichen Energiefeld entsteht in Zusammenarbeit mit anderen eine Energiegemeinschaft.

Diese gemeinschaftliche Gruppenenergie nenne ich der Einfachheit halber Gruppenlernfeld.

Aus der Psychologie wissen wir, dass das Zusammensein und Kooperieren verschiedener Personen besondere Energien freisetzt. Unter anderem wird von Gruppendynamik gesprochen, wenn es um die Rolle der einzelnen Teammitglieder und die Kommunikation innerhalb der Gruppe geht.

Bei einem Gruppenlernfeld stehen jedoch das energetische Feld im Zentrum, das jede Person umgibt, sowie das aus den verschiedenen Energien der einzelnen Personen heraus entstehende Gruppenlernfeld.

Das Wissen der Einzelnen, ein Rucksack voller individueller Erfahrungen, aber auch Energieblockaden werden über das Gruppenlernfeld untereinander ausgetauscht, ohne dass wir wissentlich an diesem Prozess beteiligt sind.

Besonders zu Beginn, wenn Gruppen sich neu bilden, kann kein Beteiligter wissen, ob sich die individuellen Erfahrungen für den Lernprozess der Gruppe förderlich oder störend auswirken. Die meisten Bewertungen erfolgen über Äußerlichkeiten. Da aber niemand über das wahre Potential seines Gegenübers etwas weiß, ist eine Bewertung der Einzelnen und auch der eigenen Person im Kontext einer Gruppe vollkommen unangebracht.

Je unbefangener und je offener alle Beteiligten aufeinander zugehen, desto besser wird das Lernklima, denn ohne Voreingenommenheit besteht von Anfang an ein höheres Energieniveau.

„Den anderen so nehmen, wie er ist, und gemeinsam mit ihm neues Wissen kennenlernen" – Dieser Wahlspruch erzeugt ein Gruppenlernfeld, das es allen Mitgliedern erlaubt, intensiver und in wesentlich kürzerer Zeit zu lernen.

Die Einstellung des Dozenten oder der Dozentin gegenüber den Lernenden und die Einstellung der Studierenden gegenüber dem Lehrenden erzeugen eine Resonanz, die das Lernfeld positiv unterstützen kann.

Den Effekt der negativen Resonanz kennen viele aus ihrer Schulzeit. Niemand möchte diese Erfahrung wiederholen. Deshalb gilt es, etwas anderes zu wagen. Ich sage mit Absicht nicht „Neues", denn bei den folgenden Tipps handelt es sich um alte Weisheiten, deren Wert zu überdenken ist.

Soll ein Gruppenlernfeld mit einer positiven Resonanz aufgebaut werden, muss der Lehrende Wohlwollen, Respekt und Achtung gegenüber seinen Schülern empfinden.

Jeder Lehrer – einerlei, über wie viel theoretisches Wissen er auch verfügen mag – ist seinen Schülern immer nur einen kleinen Schritt voraus.

Die nachfolgenden Generationen werden mit einem ganz anderen Potential geboren, und wer weiß, vielleicht wird eines Tages der jetzige Schüler der Lehrer des Lehrers sein.

Ebenso tragen die Schüler eine große Verantwortung. Sie sollten immer Wohlwollen, Achtung und Respekt gegenüber dem Lehrenden empfinden. Auch wenn sie mit seiner Meinung nicht konform gehen, berührt eine Meinung nicht die ursprüngliche Persönlichkeit eines Menschen. Empfindet ein Schüler diese Achtung, wird der Lehrer unbewusst das für ihn Beste weitergeben und dafür eine Form wählen, die es einfach macht, die Lerninhalte zu verstehen.

Durch die gegenseitige Achtung und Akzeptanz wird ein Lernfeld erzeugt, in dem das Energiepotential der Gruppe angehoben werden kann.

Informationen können leichter fließen. Es kommt zu Aha-Effekten und Gedankenblitzen, die das Unterrichtsgeschehen bereichern.

So jedenfalls habe ich es erlebt. Wir waren eine Gruppe von Frauen, die alle das Ziel hatten, sich mit einem Thema vertraut zu machen, zum Beispiel mit der Datenbanktechnik. Wir waren alle Neulinge auf diesem Gebiet, doch wir konnten uns wunderbar austauschen. Unsere Dozenten waren sich der Besonderheit dieser Lehrsituation sehr bewusst. Im Gegensatz zu ihren sonstigen Studenten, die eher gelangweilt den Vorlesungen folgten, hatten sie es mit einer Gruppe hochmotivierter Frauen zu tun. Geduldig beantworteten sie alle Fragen, und aus den tendenziell trockenen Vorlesungen wurden intensive Vorträge mit spannenden Diskussionen. Beide Seiten, Lehrer und Schüler, trugen ihren Teil dazu bei, und beiden Seiten machten diese Veranstaltungen sehr viel Spaß.

Soll der Unterricht interessant sein, ist Interaktion zwischen Lehrern und Schülern gefordert.

Eine Form der Interaktion ist das Fragenstellen. Durch Fragen wird der Dozent veranlasst, den Sachverhalt noch einmal anders zu erklären. Durch Fragen kommen die Mitglieder einer Gruppe ins Gespräch. Durch gute Fragen kommen gute Ideen.

Ein Schüler setzt sich schon bei der Formulierung einer Frage mit dem Wissensstoff auseinander. Jede Antwort und jede weitere Frage vertieft sein Verständnis und verankert das Gehörte im Gehirn.

Die Mitglieder einer Lerngruppe – dazu gehören Schüler und Dozenten – üben einen großen gegenseitigen Einfluss aus.

Dieses Potential kann sich positiv – zum Vorteil aller – oder negativ – als Blockade für alle – auswirken.

Destruktiv ist es unter anderem, den Unterricht oder die Veranstaltung durch Privatgespräche und andere Störungen zu erschweren.

Lehrer und Schüler wissen meist gar nicht, welchen positiven oder negativen Einfluss sie aufeinander ausüben. Auch wenn es oberflächlich manchmal nicht zu erkennen ist: Jeder gut ausgearbeitete Vortrag und jeder solide vorbereitete Unterricht hinterlässt bei den Zuhörenden Spuren.

„Was du nicht willst, das man dir tut, das füg auch keinem anderen zu." Diese Worte haben bei der Gestaltung eines positiven Lernfeldes eine besondere Bedeutung, denn die Qualität des Lernklimas entscheidet mit darüber, ob man etwas gut und schnell versteht oder ob man das Gefühl hat, gar nichts zu begreifen.

Jeder Lehrer, der von seiner Sache überzeugt ist und dem es Freude macht, sein Wissen weiterzugeben, hat ein natürliches Bedürfnis, seinen Unterricht oder seinen Vortrag gut vorzubereiten. Es ist ihm eine persönliche Verpflichtung, den Stoff so darzubieten, dass er seinen Schülern angemessen ist und ihnen das bestmögliche Lernergebnis bringen kann, wenn die Schüler dieses Angebot annehmen. Ein guter Dozent ist immer bemüht, die Lerninhalte seiner Zielgruppe entsprechend aufzubereiten.

Jeder Teil einer Lerngruppe kann durch seine Aufmerksamkeit, seine Bereitschaft zur Zusammenarbeit und durch seine Offenheit dazu beitragen, dass in der gesamten Gruppe eine förderliche Atmosphäre und gute Lernergebnisse möglich werden. Wer einmal erlebt hat, wie interessant und bereichernd solche Veranstaltungen für alle Beteiligten sind, möchte diese Qualität nicht mehr missen. Hier macht Lernen einfach Vergnügen. Es ist inspirierend, interessant und sehr kurzweilig.

Leider verhält sich nicht jede Person angemessen: Störer sind nicht ungewöhnlich. Will man für seine Rechte eintreten, ist es erforderlich, den Quälgeist auf sein Verhalten hinzuweisen. Ich muss mir mutwillige, unqualifizierte Irritationen nicht gefallen lassen. Nur Mut!

Sich einzulassen und konzentriert am Geschehen teilzuhaben, ist bereichernd, und es kann ganz leicht sein. Viele Vorträge enthielten für mich einen bestmöglichen Informationseffekt, wenn ich mich mit voller Konzentration auf den Vortragenden und das Thema einließ, denn dann hatte ich Wissen nicht passiv konsumiert, sondern aktiv aufgenommen, das heißt bereits in diesem Stadium des Zuhörens wurde das neue Wissen mit dem in meinem Gehirn schon vorhandenen Wissen verknüpft.

Was war passiert? Zwischen Vortragenden und Hörer entstand eine Resonanz: Der Vortragende wurde durch das Interesse und die stille, aber aktive Mitarbeit des Zuhörers unbewusst dazu angeregt, das bestmögliche Lernergebnis für den Hörer zu diesem Zeitpunkt zu erreichen.

Danach waren beide Seiten zufrieden, denn beide folgten ihrer natürliche Bestimmung zu diesem Zeitpunkt: der Referent seiner Bestimmung als Lehrer und der Zuhörer seiner Bestimmung als Schüler.

Weil Geben und Nehmen im Einklang waren, wurde ein aktiver Wissensfluss ermöglicht und somit eine höchstmögliche Zeitqualität erreicht.

Sich als Schüler von einem positiven Lernfeld tragen zu lassen, ermöglicht die Aufnahme von Wissen in einer höheren Zeitqualität. Das bedeutet: Es ist möglich, Informationen in wesentlich kürzerer Zeit zu verstehen und zu be- und verarbeiten.

Jeder von uns hat die Unterschiede in der Zeitqualität schon erlebt. Neu ist in diesem Kontext vielleicht der Gedanke, dass wir durch unser eigenes Verhalten und durch unsere Einstellung zu dem, was wir tun durchaus in der Lage sind, bewusst und aktiv an diesem Geschehen teilzunehmen und einzugreifen.

Hier noch einmal die Definition der verschiedenen Felder:

Lernfeld
Ein Lernfeld ist in diesem Kontext ein energetisches, wissendes Feld, das eine Person oder eine Gruppe umgibt und den Zugang zu allem vorhandenen Wissen ermöglicht.

Persönliches Lernfeld
Jede Person sendet Energie aus und nimmt Energie auf, ist also gleichzeitig Sender und Empfänger.

Die Bausteine unseres Gehirns, die Neuronen, verständigen sich mit Hilfe elektrischer Impulse. Das ganze Nachrichtensystem im Menschen beruht auf dem Austausch von elektrischen Strömen und Impulsen. So werden unsere Bewegungen, Sinneswahrnehmungen oder Gedanken über elektrische Impulse gesteuert. Je höher die Frequenz der Energie ist, in der der Mensch schwingt, desto breiter ist das Frequenzspektrum, das ihm zur Verfügung steht, und desto mehr Möglichkeiten haben wir, einen Schlüssel zum wissenden Feld zu erhalten.

Gruppenlernfeld
Bei jeder Veranstaltung, immer wenn Menschen zusammentreffen, entsteht ein wissendes Feld. Alle Personen beeinflussen sich gegenseitig durch ihr Energiefeld in ihrem Energieniveau.

Je höher die Energie in einer Gruppe ist, desto breiter ist das gemeinsame Frequenzspektrum und desto leichter ist der Zugang zum wissenden Feld und damit zum kollektiven Wissen möglich.

Das wissende Feld
Der Begriff „das wissende Feld" ist eine Metapher für ein Energiefeld, das entsteht, wenn Personen zusammen an einem Thema arbeiten. Dieses Feld ist aus der Arbeit des Familienstellens von Bert Hellinger bekannt, geht aber weit darüber hinaus. Während beim Familienstellen der Begriff „das wissende Feld" die bei dieser Arbeit wirkenden Informationen aus einem Familiensystem beschreibt, ist es bei Rupert Sheldrake die Ebene des morphischen Gedächtnisses, in dem jede Art von Information über die morphische Resonanz abrufbar ist.

Beim Lernen bestimmen die Personen, der Ort sowie das Interesse und die Konzentration auf die Themen, welche Informationen aus diesem Energiefeld genutzt werden können, denn Bewusstsein, Materie, Information und Energie sind untrennbar miteinander verknüpft.

Eigentlich ganz einfach und doch so schwer.

Anmerkung:
Wenn für dich dieses Thema ganz neu ist, dann überlege einmal, in welchen Situationen du dich wohlfühlst und wann du zum Beispiel schon nach wenigen Sekunden missgelaunt bist, obwohl du kurz vorher noch freudig gestimmt warst. Wenn du dir ein wenig Zeit nimmst und dich genau hineinfühlst, kannst du die Unterschiede spüren, in deinem persönlichen Umfeld, in den Bildungseinrichtungen, in Häusern...

Praktische Hilfen erleichtern das Lernen

> *„Wir glauben, wir formen unsere Häuser, aber vielleicht formen die Häuser uns?"*

Eine interessante Fragestellung! Wir wollen ihr ein wenig nachspüren.

Allgemein bekannt ist: Unser Umfeld hat Einfluss auf unser Wohlbefinden. Wir wollen deshalb einen Blick auf das persönliche Lernumfeld werfen: Welche Elemente können das Lernen praktisch erleichtern?

Lernumgebung

Ein heller, freundlicher, gut gelüfteter Raum beeinflusst die Stimmung und fördert die heitere Laune.

Ein Raum, der Ruhe ausstrahlt, unterstützt eine gute Konzentration.

Bestimmte Farben können das Lernen positiv beeinflussen, andere dagegen behindern es, und manche wirken sich sogar destruktiv aus: Gelb hebt die Stimmung, während Blau für einen kühlen Kopf sorgt. Eine Tabelle der Farben und ihrer Wirkung findest du am Ende dieses Buches.

Der Platz zum Lernen und Arbeiten sollte deshalb hell und ruhig sein. Er sollte dir möglichst während der gesamten Lernphase zur Verfügung stehen.

Störungen sind zu vermeiden. Wenn dein Arbeitszimmer zum Beispiel ein Durchgangszimmer ist, das auch von anderen Familienmitgliedern genutzt wird, wirst du keine Ruhe finden. Jede Irritation unterbricht deine Konzentration. Jede Störung bringt dich aus dem Lernfluss.

Der Arbeitsplatz

Gestalte den Arbeitsplatz möglichst angenehm und harmonisch, damit es Freude macht, dort zu arbeiten. Hierzu einige Tipps:

- Suche dir einen festen Platz, an dem du von jetzt an immer lernen wirst.
  Schreibtisch: mind. Breite: 0,6 m, Länge: 1m, Höhe: ca. 0,7 – 0,8 m,
- Stuhl: höhenverstellbar, nicht zu weich und nicht zu hart, bequem.
- Sorge für gute Lichtverhältnisse.
- Entferne alles Störende vom Schreibtisch (Einfachheit).
- Die benötigten Arbeitsmaterialen bekommen einen festen Platz (Ordnung).

Der Arbeitsplatz sollte dir erlauben, dich voll auf deine Arbeit zu konzentrieren.

Warum ist ein fester Platz so wichtig? Wenn dir stets ein bestimmter Arbeitsplatz zur Verfügung steht, den du möglichst nur für das Lernen benutzt, signalisierst du deinem Körper und deinem Unterbewusstsein: Jetzt beginnt die Zeit des Lernens! Allmählich richtet sich dein Biosystem immer schneller auf diesen Zustand ein – ähnlich wie beim Autogenen Training: Mit etwas Übung gelangst du immer schneller in die Entspannung. Um diesen positiven „Gewöhnungseffekt" für dich zu nutzen, setze dich möglichst immer an diesen Platz, wenn du lernen willst.

Auch der Standort des Schreibtisches spielt für das Wohlbefinden eine nicht zu unterschätzende Rolle.

Das erfuhr ich durch einen kurzen Artikel in einer Frauenzeitschrift: Am Beispiel „Standort eines Schreibtisches" wurde aufgezeigt, welche Vorteile Feng-Shui bieten könne. Weil ich Tipps immer gern selbst ausprobiere, bevor ich sie glaube, stellte ich kurzerhand meinen Schreibtisch um. Bisher hatte er direkt vor einer Wand gestanden, sodass mein Blick auf die Wand gerichtet war. Mein Rücken zeigte zur Tür. Dieses Gefühl, nie richtig zu wissen, ob jemand zur Tür hereinkommen würde, hatte mich schon immer irritiert, ohne dass ich genau benennen konnte, wodurch das Unbehagen verursacht wurde. Nun stellte ich den Schreibtisch nach den Regeln des Feng-Shui so um, dass ich eine Wand im Rücken und die Tür vis-à-vis hatte. Dieser freie Blick in den Raum hinein wirkte wie eine Befreiung! Der Blick an die Wand hatte mich unbewusst immer eingeengt. Eine kleine Umstellaktion, doch sie half mir, mich einfach wohler zu fühlen.

Gute Lichtverhältnisse sind ein weiterer sehr wichtiger Faktor. Schlechtes Licht ermüdet die Augen und erschwert damit das Lernen.

Bei Rechtshändern soll das Licht von links einfallen, damit die schreibende Hand keine Schatten aufs Papier wirft. Ein gutes Licht ist hell, aber nicht zu kontrastreich.

Durch das Lichtspektrum einer Tageslichtlampe erhöht sich wie von selbst die Aufnahmebereitschaft des Gehirns.

Einfachheit am Arbeitsplatz bedeutet, alles Störende von der Arbeitsfläche zu verbannen. Erstaunlicherweise gehören dazu auch Bilder von Familienangehörigen. Warum? Wenn der Blick auf die Bilder fällt, denkt man unwillkürlich an sie. Gerade wenn man angespannt ist und unter Zeitdruck steht, fallen einem alle möglichen Aktivitäten ein, die man schnell noch erledigen muss – und schon ist man aus dem Lernfluss heraus. Auch Blumen und Papierkram, den man nicht fürs Lernen braucht, können stören. Ich bin dazu übergegangen, die Fläche meines Schreibtisches ganz leer zu räumen – bis auf meine Lernmaterialien, die Bücher und Unterlagen, die ich zu bearbeiten habe. Für die anderen Unterlagen habe ich einen kleinen Extratisch bereitgestellt, der sich außerhalb meines Sichtfeldes befindet. Damit vermeide ich auch, dass ich mir schon Gedanken über ein anderes Gebiet mache, während ich noch mit dem ersten Thema beschäftigt bin.

Einfachheit und Ordnung
ermöglichen dir eine gute Konzentration
auf die Dinge, die du tust.

Ein guter Arbeitsplatz erlaubt es, sich voll auf das Lernen zu konzentrieren: Dadurch erhöht sich automatisch die Arbeitseffektivität.

Die Arbeitsmaterialien

Arbeits- und Schreibmaterialien haben einen festen Platz und sind immer greifbar. So kannst du bestimmte Texte kennzeichnen, Formulierungen nachschlagen oder Passagen herausschreiben, ohne deinen Arbeitsplatz zu verlassen und den Lernfluss zu stören.

Außer den Arbeitsmaterialien, die durch Seminarleiter oder Dozenten vorgegeben werden, gibt es einige Dinge, die an keinem Lernplatz fehlen sollten:

- Schreibmaterialien
- Textmarker in verschiedenen Farben
- Locher
- Haftnotizzettel, um einzelne Seiten in Büchern zu kennzeichnen; notierst du darauf das Fachgebiet oder Thema, so werden die Haftnotizen zum Register
- Lexikon für Fachvokabular
- Ablagekästen oder Ordner für die Sammlung von Informationen und Materialien

Lernzeiten

Bestimmte Termine werden speziell fürs Lernen reserviert. Bedenke: Der Umgang mit den richtigen Zeiten zum Lernen will gelernt sein.

Um meine Lernzeiten möglichst erfreulich zu gestalten, haben sich folgende Faktoren als förderlich erwiesen: Feste Zeit, Lernzeiten begrenzen, Pausen einbauen, ungestört sein.

Beim Planen der Zeiten ist es hilfreich, etwas über den eigenen Biorhythmus zu wissen.

Psychologen unterscheiden zwei Chronotypen: die Lerchen und die Eulen, wobei es auch Mischtypen gibt. Schon die Namen verraten es: Die Lerchen sind Frühaufsteher und lernen am besten in den Morgenstunden, während die Eulen gern länger schlafen und erst gegen Abend richtig aktiv werden.

Wenn du herausfindest, zu welchem Typ du gehörst, und beginnst, deinen Tagesablauf danach zu planen und zu gestalten, hast du viele Vorteile.

Zeiten, in denen man besonders aktiv und aufnahmefähig ist, können fürs Lernen genutzt werden, während Aktivitäten, die nicht die volle Konzentration erfordern, in die weniger leistungsfähigen Phasen verlegt werden. Am Anfang erfordert das vielleicht ein wenig Umorganisation des Tagesablaufes, doch die Mühe lohnt sich.

Entspricht die Lernzeit den Hochphasen des eigenen Biorhythmus, ist man aufnahmefähiger als zu anderen Zeiten.

In meinem Tagesablauf haben sich folgende Zeiten als besonders lerneffektiv erwiesen: Morgens von

7 Uhr bis 8.30 Uhr, nachdem alle Familienmitglieder aus dem Haus waren. In dieser Zeit war ich besonders offen für neue Lerninhalte. Nachdem ich das erkannt hatte, bearbeitete ich die schwierigen Themen bzw. unbekannten Inhalte in den Morgenstunden.

Die Abendstunden nach 20 Uhr, wenn alles ruhig wurde. Diese Zeit hatte den Nachteil, dass ich selbst müde war und mich entsprechend motivieren musste. Am Wochenende, wenn mein Mann für die Kinder da sein konnte.

Als eine von mir am Anfang unterschätzte Variante stellte sich die Schweizer-Käse-Methode heraus. Obwohl ich immer nur verhältnismäßig kurze Zeiten zur Verfügung hatte, wurde aus der praktizierten Regelmäßigkeit ein Zeitkontingent, das ausreichte, um den Stoff zu bewältigen.

Denken wir über Zeit nach, befällt uns meist spontan das Gefühl, keine zu haben.

Schauen wir uns das Thema einmal bewusster an, stellen wir schnell fest, dass Zeit eine Quantität und eine Qualität besitzt.

Die Quantität der Zeit, die wir in Stunden und Minuten messen, kann von uns meistens nicht beeinflusst werden.

Über die Qualität der Zeit können wir sehr wohl bestimmen. Zeiten mit einer hohen Lernqualität sind effektiver als viel Zeit mit wenig Lernqualität (ich verbringe viel Zeit mit dem Lernen, aber der Stoff will und will nicht in meinen Kopf).

Durch die Erhöhung der Zeitqualität lassen sich die Lernzeiten verkürzen. Allerdings setzt die Erhöhung der Zeitqualität ein gutes Lernklima voraus.

Der Zeitrhythmus ist sehr individuell, und jeder kann ihn nur für sich selbst finden. Manche Menschen lernen abends besonders gut, andere morgens.

Ich bin eher ein Morgenmensch. Doch nach einer Eingewöhnungsphase war es mir auch möglich, abends zu lernen.

Manche Lernzeiten sind von außen vorgegeben, wie Lehrveranstaltungen, Seminare usw. Wer sich jedoch freudig auf diese Zeiten einstimmt und neugierig ist, schafft eine hohe Erwartungsenergie, die selten ohne Resonanz bleibt.

Gerade wenn wir viel beschäftigt sind und den Kopf voll haben oder wenn wir ausgerechnet in einer für unseren Biorhythmus ungünstigen Zeit lernen sollen, empfiehlt es sich, das Lernen mit einem Ritual einzuleiten: Ein Ritual könnte sein, alle Unterlagen zu ordnen oder den Schreibtisch aufzuräumen, Blumen zu gießen oder zehn Minuten lang zu meditieren. Ich habe ein eher ungewöhnliches Ritual entwickelt, das aber sehr gut funktioniert. Jedes Mal wenn ich mich in den Abendstunden an den Schreibtisch setzte, schrieb ich zuerst einem Freund eine E-Mail. Danach war die Spannung verflogen, und ich konnte mich gut konzentrieren. „E-Mail für Dich" als Lernhilfe.

Eine weitere gute Möglichkeit bietet Brain-Gym®: Mit gezielten gymnastischen Übungen werden Lernblockaden beseitigt. Die Zusammenarbeit der beiden Gehirnhälften wird gefördert. Mit Brain-Gym® bereitet man sich locker auf das Lernen vor oder sorgt in den Pausen wieder für Fitness. Mehr zum Thema „Brain-Gym®" erfährst du im Kapitel „Leichter lernen".

Pausen

Pausen sind keine Zeitverschwendung.
Pausen erhöhen die Gesamtleistung.

Untersuchungen und statistische Werte haben ergeben, wann und wie oft Pausen eingelegt werden sollten. Meiner Erfahrung nach ist es gut, seinen persönlichen Rhythmus zu finden. Bedenke dabei:

- ✓ Pausen sind notwendig; sie fördern die Aufnahmebereitschaft des Gehirns.

- ✓ Für jedes Lernthema eine bestimmte Zeit vorsehen – dann eine Pause machen.

- ✓ Mindestens alle 2 Stunden eine längere Pause einlegen.

- ✓ Nach der Pause möglichst ein anderes Thema wählen; das bewirkt Abwechslung.

- ✓ In der Pause sich körperlich bewegen; Bewegung sorgt dafür, dass das Gehirn gut durchblutet wird.

- ✓ Längere Pausen an einem anderen Platz verbringen; der Schreibtisch dient dem Lernen, nicht dem Ausruhen.

- ✓ Belohne dich in den Pausen für die geleistete Arbeit. Gerade wenn du nicht gewohnt bist, dich über eine längere Zeit zu konzentrieren, gestalte die Pausen besonders schön. Wie wäre es mit einer Tasse Tee, einem kleinen Spaziergang, etwas Gymnastik...?

Während der Pausen wird das bisher Gelernte strukturiert, und im Gehirn findet eine Vernetzung mit dem bisherigen Wissen statt.

Aufgrund meines kompakten Tagesprogramms hatte ich am Anfang gedacht, ich könnte auf Pausen verzichten: Meine Tätigkeiten waren ja sehr unterschiedlich, sodass ich die nötige Abwechslung schon finden würde.

Es hat etwas gedauert, bis ich begriff, dass Pause machen nicht nur heißt, etwas anderes zu tun. In einer Pause klingen die Inhalte des Lernstoffes nach. Gleichzeitig strukturieren Pausen die Lernzeiten, in denen unterschiedliche Themen bearbeitet werden müssen.

Richtig Pause machen heißt: Wir brauchen uns nicht zu konzentrieren. Das gibt dem Gehirn Freiraum, um sich zu entspannen, und bekanntlich finden wir in den Phasen der Entspannung Zugang zu unserer eigenen Genialität.

Diesen Effekt nutzen wir jedoch nur dann, wenn Pausen auch als wirklicher Freiraum gelten und nicht für Aktivitäten genutzt werden, die eine erneute, wenn auch andersartige Aufmerksamkeit erfordern.

Deshalb sind die richtigen Pausen nicht nur schön, sondern zugleich lehrreich.

Doch Pausen müssen nicht immer lang sein. Auch Sekundenpausen am Schreibtisch vertiefen das Gelernte.

Gönne dir einfach eine Minipause! Hier einige Beispiele:

- Eine kurze Reise mittels Tagtraum. Bleibe am Schreibtisch sitzen, schließe die Augen und träume. Dann sei wieder hellwach und arbeite weiter!
- Drehe dich auf dem Stuhl vom Schreibtisch weg und schaue dir ein schönes Bild an. Oder blicke aus dem Fenster.
- Recke und strecke dich. Gähne oder seufze.
- Mache ein kleines Fingerspiel! Bei einer wissenschaftlichen Untersuchung über die geistige Lebhaftigkeit im Alter schnitten japanische Frauen besonders gut ab. Warum? Die getesteten Frauen machten regelmäßig Fingerübungen in Form von Origami und Mudras.

Ruhe

Ungestört sein ist für mich eine wichtige Voraussetzung, um gut lernen zu können.

Ich verabscheute das Gefühl, unterbrochen zu werden – man beschäftigt sich mit einem Thema, wird gestört, verliert den Faden und muss wieder ganz von vorne anfangen. Deshalb brauchte ich Ruhezeiten, in denen ich ungestört arbeiten konnte.

Gerade am Anfang ließ ich mich leicht und gerne ablenken – mit dem zweifelhaften „Erfolg", dass ich mein Lernpensum nicht in den zur Verfügung stehenden Zeiten bewältigen konnte.

Mein Verhalten erzeugte Stress. Neben dem Gefühl, selbst versagt zu haben, war ich wütend auf meine Familie, die mich einfach nicht in Ruhe lernen ließ. Dies wiederum führte zu unnötigen Spannungen im familiären Zusammenleben.

Manches ist vermeidbar, deshalb hier einige Tipps:

Abgrenzung – Jetzt lerne ich, in einer Stunde bin ich wieder für euch da. – Jetzt will ich nicht gestört werden. – Liebling, jetzt ist meine Lernzeit, bitte nimm darauf Rücksicht.

Telefon abschalten, Anrufbeantworter anschalten – Wenn ich mit meinem Tagespensum fertig bin, bin ich für die Welt wieder erreichbar (statt: Es könnte ja jemand anrufen, der mich vom Lernen abhält – wie schön!).

Störungen vermeiden – Das bedeutet auch: Radio ausschalten! Nicht zwischendurch loslaufen und Kaffee kochen. Kaffee gibt es in der Pause!

Wasser bereitstellen – Der Körper braucht viel Flüssigkeit. Durch genügend Flüssigkeit wird der Informationsfluss im Gehirn unterstützt. Deshalb ist es wichtig, genügend zu trinken.

Willst du nicht nur während der Pausen, sondern auch während des Lernens trinken, stelle dir das Wasser vor Beginn der Lernzeit bereit, damit du nicht extra aufstehen musst, um es zu holen.

Musik hören — eine individuelle Entscheidung - Bestimmte Musikstücke können das Lernen positiv unterstützen. Ob du Musik für dich nutzen möchtest oder ob Musik deine Konzentration eher stört, solltest du selbst ausprobieren.

Das Radio solltest du jedenfalls ausschalten: Die gesendeten Informationen erfordern Aufmerksamkeit, auch wenn sie im Hintergrund laufen, und stören somit die Konzentration.

Ist der Umgebungslärm sehr groß, ermöglicht es dir das Hören von geeigneter Musik allerdings, ein positives Lernfeld zu erhalten, was sich in manchen Stresssituationen als sehr wichtig erweisen kann.

Zu besseren Lernergebnissen gelangt man nur, wenn die Musik das Lernen fördert und nicht blockiert (siehe dazu „Mit allen Sinnen lernen").

Ich habe ungefähr ein halbes Jahr benötigt, um mir diesen Rahmen zu schaffen. Am Anfang wusste ich nur: Ich wollte es schaffen. Dieses Studium war genau das, was ich wollte. Doch ich war ziemlich unsicher, wie ich alles schaffen sollte.

Als es mir endlich nach vielen Mühen gelang, meinem Studium einen äußeren und inneren Rahmen zu geben, kam Ruhe in dieses Thema, und mit der Ruhe kamen auch die ersten Erfolge.

Dem Lernen einen Rahmen geben

Die innere Haltung

Gehörst du auch zu den Menschen, die am liebsten alles gleichzeitig machen möchten? Zwar ist es wissenschaftlich erwiesen, dass der Mensch zwei bis fünf Dinge gleichzeitig erledigen kann. Trotzdem ist es für mich einfach gesünder, eine Aufgabe nach der anderen zu erledigen. Das gilt ganz besonders für das Lernen. Sobald ich versucht habe, zeitgleich an verschiedenen Themen zu arbeiten, war ich bei jedem Thema nur halb bei der Sache.

„Wo die Aufmerksamkeit ist, ist die Energie."

Diesen Lehrsatz hatte ich schon oft gelesen, doch seine Bedeutung nie wirklich verstanden. Dann versuchte ich ihn in der Alltagspraxis auszuprobieren, ihn aktiv anzuwenden und war erstaunt über seine Wahrheit und seine Wirkung.

Am eigenen Tun erlebte ich, dass ich wesentlich bessere Ergebnisse erzielen konnte, wenn ich mir diesen Satz zu eigen machte.

„Konzentriere dich auf das, was du tust!" Wer kennt diesen Satz nicht? Bisher hatte ich Konzentration meist mit einfachem Hinwenden verwechselt: Ich beschäftige mich mit einer Sache – also konzentriere ich mich.

Das wahre Konzentrieren geht jedoch ein Stück weiter: Es bedeutet das aktive Hinwenden auf eine Sache bei gleichzeitigem Zurückfahren oder Ausschalten der anderen Wahrnehmungen.

Diesen Effekt beobachten wir oft bei Kindern, wenn sie – ins Spiel versunken – nicht auf die Worte der Erwachsenen reagieren. Sie sind so eins mit dem Spiel, so sehr in eine Sache vertieft, dass sie den Hörsinn einfach „abgeschaltet" haben.

Meine Anregung lautet deshalb: Arbeite nie an zwei Themen gleichzeitig! Ich weiß, manche Menschen meinen, es zu können, doch sie unterschätzen die Kraft der Konzentration.

Wenn verschiedene Themen hintereinander mit voller Konzentration abgearbeitet werden, gelingt die Fertigstellung oft sogar in einer kürzeren Zeit, als wenn an zwei Themen gleichzeitig gearbeitet und jedem Thema nur die halbe Konzentration geschenkt wird.

Wenn du unter Zeitdruck stehst, stecke dir einen Zeitrahmen für jedes Thema. Arbeite die Themen nacheinander ab, und du wirst merken: Du lernst wesentlich schneller und effektiver.

Eine alte Weisheit aus dem Zen-Buddhismus lautet:

> *„Wenn ich spiele, spiele ich.*
> *Wenn ich arbeite, arbeite ich.*
> ***Wenn ich lerne, lerne ich."***

Durch die volle Konzentration auf das, was man in diesem Moment tut, ist man völlig präsent, und damit hat man ein wesentlich höheres Potential zur Verfügung - abstrakte Theorien werden schneller durchblickt und bisher Unbekanntes verliert seine Fremdheit.

Es heißt, in 20 % der Zeit lernt man 80 % des Lernstoffes, und für die restlichen 20 % braucht man die übrigen 80 % der Zeit. Ist das nicht Grund genug, einmal zu überlegen, wie die Zeit optimal genutzt werden kann?

Oft stehen wir jedoch vor einer ganz anderen Herausforderung. Wir sind mit einer so großen Fülle von Lernstoff konfrontiert, dass wir uns fragen: „Wie soll ich das alles schaffen?" Allein der Gedanke an diesen Berg löste bei mir Panik aus. Inzwischen atme ich tief durch und mache mir bewusst:

„In der Ruhe liegt die Kraft."

Je mehr ich bearbeiten und erarbeiten will, desto mehr Zeit widme ich der soliden Planung meines Vorhabens.

Auch das Lernen kann man planen. Organisiere also dein Lernen und plane Pausen, Freiräume und Pufferzeiten für mögliche Störungen mit ein.

Ein guter Plan hat die Aufgabe, die bevorstehenden Aktionen möglichst umsichtig für die eigenen Belange zu strukturieren. Steht dieser Plan, kann er jedoch nur zum Erfolg beitragen, wenn er auch eingehalten wird.

Ändere deshalb deinen Plan nur, falls du feststellst, dass er grundlegende Fehler enthält. Selbst der beste

Plan bringt dir keine Vorteile, wenn er nach kurzer Zeit ad acta gelegt wird. Das Abarbeiten der einzelnen Punkte erfordert deinen vollen Einsatz: Jetzt stundenlang mit erneutem Pläneschmieden zu verbringen, wäre verlorene Zeit.

„Stück für Stück komme ich meinem Erfolg näher."

So lautet die Affirmation, die mir sehr half, wenn mir alles zu schwierig und zu langwierig erschien. Stück für Stück – Stein für Stein – trage ich den Berg ab, und so wird er von Tag zu Tag kleiner.

Mut zur Lücke

Bei nahezu keinem Thema ist es wichtig, es hundertprozentig zu beherrschen. Oftmals reichen 80 % aus, um den geforderten Ansprüchen gerecht zu werden. Wird es zeitlich eng, ist es vor allem wichtig, für ein gutes Fundament zu sorgen. Damit ist ein solides Grundlagenwissen gemeint. Bei vielen Fragen lassen sich auf dieser Basis intuitiv die richtigen Folgerungen ziehen oder logische Verbindungen herstellen.

Am Anfang des Studiums hatte ich mich nicht getraut, so vorzugehen. Viel zu unsicher war ich, ob mein Wissen überhaupt ausreichen würde und ich den Anforderungen des Studiums gerecht wurde. Doch mit der Zeit wurde ich sicherer, und so stellte ich zum Schluss rein pragmatische Überlegungen an, welchen Vorteil es bringen würde, für die restlichen

20 % der Ausarbeitung einen erhöhten Zeitaufwand leisten zu müssen.

Je mehr Erfahrung man bekommt, desto leichter ist es, Lücken zuzulassen. Um jedem Missverständnis vorzubeugen: Keinesfalls sollten Lücken von vornherein eingeplant werden! Ich befürworte es nicht, mit einem Wissensdefizit herumzuwirtschaften. Stattdessen muss ein solides Fundament geschaffen werden, um schließlich „notfalls" die Feinarbeit vernachlässigen zu können. Ohne ein kräftiges Fundament sorgt jede Lücke für „Einsturzgefahr".

Lernen im Schlaf

Wer kennt es nicht: einen spannenden Film gesehen zu haben und dann nicht einschlafen zu können! Die Bilder und Eindrücke des Thrillers tanzen immer wieder vor den Augen, obwohl man im Bett liegt und eigentlich schlafen möchte. Es fällt schwer, zur Ruhe zu kommen, weil die Psyche noch mit der Bearbeitung des Krimis beschäftigt ist.

Gerade dieser Effekt lässt sich beim Lernen nutzen.

Kurz vor dem Schlafengehen den Lernstoff noch einmal in Ruhe durchgehen, dann vielleicht Entspannungsmusik hören und im Geiste die Themen an sich vorüberziehen lassen, am besten sogar visualisieren und geistige Bilder dazu malen.

Auf diese Weise prägt sich der Lernstoff ein, und am nächsten Tag fällt es leichter, auf dieses Wissen zuzugreifen. Im Geiste bekommen wir Bilder zu dem gerade Durchdachten, und die Gedanken werden mit

Gefühlen verbunden. Eine ganzheitliche Verknüpfung findet statt.

Doch was ist, wenn wir nachmittags stundenlang lernen und danach zur Entspannung einen Krimi schauen, der uns innerlich aufwühlt?

Die Frage kann sich jeder selbst beantworten: Entspannung ja, doch zusätzliche Informationsaufnahme nein.

Eindrücke, die wir über unsere Medien aufnehmen, können sehr anregend sein. Sie können sogar ein selbstbestimmtes Aufnehmen von Informationen verhindern. Das Gehirn wird mit Fremdbildern gefüttert, die es verarbeiten muss, denn das ist seine Aufgabe. Während dieser Zeit hat es kaum Kapazitäten zur Verfügung, um die fürs Lernen relevanten Informationen zu ordnen und zu speichern.

Wir bestimmen durch unsere Tätigkeiten bzw. unser Verhalten, womit sich unser Gehirn beschäftigt – bewusst oder unbewusst. Auch hier kannst du dich entscheiden: „Was will ich?", oder besser: „Was will ich für mich?" Bewusste Informationsaufnahme oder unbewusste Berieselung ...

Lernen im Schlaf ist eine anerkannte Methode, um Sprachen zu lernen. Während des Schlafes werden dem Lernenden Vokabeln und fremde Texte suggeriert, und man baut darauf, dass das Unterbewusstsein dieses Wissen aufnimmt. Tut es auch.

Bedenke also: Schlafen wir vorm Fernseher oder beim Radiohören ein, nimmt unser Unterbewusstsein auch diese Informationen auf. Doch wissen wir, was dabei alles in uns eindringt? Es gehört zur Psychohygiene, bewusst mit der Informationsaufnahme umzugehen. Bewusst heißt auch, die Kenntnis dieser Vorgänge für das Aneignen und Einprägen von neuem Wissen zu nutzen.

Wer abends möglichst entspannt, vielleicht bei einer Tasse Tee, das Thema noch einmal durchgegangen ist und dann bald in Ruhe zu Bett geht, wird feststellen, dass ihm auch das Traumleben bei der Bewältigung des Alltags zu Hilfe kommt. Schon manche geniale Idee, schon manche Lösung für ein Problem, schon manche kniffelige Rechenaufgabe wurde im Schlaf gelöst. Wir wachen morgens auf und wissen, wie es geht.

Dieses große, eigene Kapital lernte ich schätzen, als ich zu programmieren anfing. Nicht nur, dass ich die einzelnen Programmzeilen, also die Schritte eines Computerprogramms, abends im Bett oft visuell vor mir sah, gerade in arbeitsreichen Zeiten träumte ich auch intensiv von meiner Arbeit. Des Öfteren ging ich mit einem ungelösten Computerproblem schlafen und träumte nachts die Lösung. Am nächsten Morgen wachte ich auf und hatte alles vergessen. Was tun? Wach bleiben? Da ich sehr gerne schlafe, fand ich es lästig, nachts um vier Uhr aufzuwachen und für längere Zeit wach zu liegen, nur um keinesfalls die Lösung meines Problems – wie schon so oft – zu vergessen. Am nächsten Morgen fehlte mir der Schlaf – ein schlechter Start in den Tag. Ein Tipp einer Freundin half mir weiter: Ich begann, meine Träume gleich nach dem nächtlichen Aufwachen aufzuschreiben. Seitdem liegt auf meinem Nachttisch ein Traumtagebuch, in dem ich jetzt meine Traumlösung schriftlich festhalte. Ich brauche mir nichts mehr zu merken, bin dadurch wesentlich entspannter und kann sofort wieder einschlafen.

Genügend Schlaf ist wichtig für die Gesundheit und das Immunsystem eines Menschen. Wer ausgeschlafen hat, fühlt sich wohl und ist leistungsfähig, auch fürs Lernen. Achte deshalb auf genügenden, gesunden Schlaf, dann startest du frisch in den neuen Tag, lernst leichter und bist einfach besser drauf.

Keine Zeit oder meine Zeit

Seit die Uhr erfunden wurde, glauben wir Menschen, wir müssten unser Leben im Takt der Uhren organisieren.

Da dieses Verhalten für die Gesundheit des Menschen nicht immer bekömmlich ist, heißt ein Trend „Entschleunigung".

Im Grunde eine Weisheit, die meine Oma mir schon vor 50 Jahren mit auf den Weg gab. Wenn ich als Kind vor lauter Eile einfach nur schusselig war, sagte sie: „Immer mit der Ruhe!", und brachte mich mit diesen Worten dazu, einen Gang herunterzuschalten. Ihr Rat erinnert an die in den letzten Jahren wiederentdeckte Weisheit: *„In der Ruhe liegt die Kraft."*

Unsere Lebenszeit ist die Zeit, die uns zum Leben gegeben wurde – also die Zeit, die wir haben, um unser Leben zu gestalten. Viele Jahre lang habe ich Zeit als etwas Fremdbestimmtes, etwas von außen Auferlegtes empfunden. Ist es ja auch – und auch wieder nicht. Die Zeit ist ein Parameter, anhand dessen wir unser Leben erleben und in unserem Erleben Schritt für Schritt vorwärtsgehen. Die Zeit schreitet voran, ohne dass wir darauf einen Einfluss haben. Sie begleitet uns und teilt unser Leben in Phasen ein, wie Jugend, Erwachsensein und Alter oder Tag und Nacht oder Neumond, zunehmender Mond, Vollmond und abnehmender Mond, also Rhythmen, die vorgegeben sind und die uns zur Orientierung dienen.

Wer die Zeit als fremdbestimmt wahrnimmt, fühlt sich ausgeliefert und machtlos. Sie zerrinnt einfach. Keine Zeit für Dinge, die mir wichtig sind. Keine Zeit für mich. Dafür gibt es viele Faktoren, unter anderem: Termine, Termine (selbstgemachte, von außen vorgegebene), Telefon und Handy, Beruf, Familie sowie Pflichtveranstaltungen.

Einige Faktoren sind unvermeidbar: Man muss arbeiten gehen, um Geld zu verdienen. Man muss essen und sich bewegen, um gesund zu bleiben. Der Beruf lässt selten zu, Zeiten selbstbestimmt zu erleben. Doch es gab auch Phasen, in denen ich die Fremdbestimmtheit auflösen konnte, in denen ich die Zeit zu meiner persönlichen Zeit machen konnte. Wenn ich es wollte ...

„Wenn ich es will", das wurde das Schlüsselwort für meine Zeiteinteilung. Wenn ich es wollte, konnte ich diese Zeit dem Lernen widmen, weil ich damit das von mir definierte Ziel erreichen konnte. Wenn ich es wollte, verbrachte ich angenehme Stunden mit meinen Freunden. Ich schenkte ihnen meine Zeit.

Aber wenn ich es zuließ, dann raubten mir diese Freunde meine Zeit, obwohl ich etwas anderes für mich wollte. Wenn ich es zuließ, klingelte das Telefon und lenkte mich von Dingen ab, auf die ich mich eigentlich konzentrieren wollte, oder brachte mich aus dem Rhythmus, indem ich etwas tat, das ich nicht geplant hatte.

Das mochte manchmal positiv sein, manchmal wirkte es sich allerdings sehr ungünstig aus, zum Beispiel wenn ich gerade an einer guten Formulierung gearbeitet hatte: Endlich hatte ich sie gefunden – da klingelte das Telefon. Meist nahm ich die Anrufe spontan an, ohne meine Gedanken vorher zu notieren. Nach dem Telefonat waren die guten Formulierungen vom Winde verweht, und ich begann mit meiner Arbeit wieder von vorn.

„Alles hat seine Zeit" – so heißt es schon in der Bibel. Für alles Mögliche hatte ich in meinem Leben eine angemessene Zeit eingerichtet, doch ich musste erst lernen, mir meine Zeit einzuräumen, nämlich Zeiten, in denen ich für mich sein konnte. Dann beschäftigte ich mich mal mit leichter Haus- oder Gartenarbeit, mal mit Malen oder Schreiben, mal zog es mich hinaus in die Natur.

Diese Phasen erwiesen sich als inspirierend: Mir wurden Zusammenhänge klar, die ich zuvor nie erkannt hatte. Mir fielen Lösungen ein, die mir bis dahin meilenweit entfernt oder gar unmöglich erschienen. Ich plante Projektarbeiten und entwarf im Geist ganze Konzepte, die ich dann nur noch umsetzen musste. Einen Großteil meiner Seminararbeiten entwickelte ich auf diese Weise, bevor ich sie zu Papier brachte bzw. in den Computer eingab.

So wurde „meine" Zeit für mich eine sehr wertvolle Zeit. Warum? Wenn ich auf die Uhr schaute, war manchmal nur eine halbe Stunde vergangen! Doch in diesen Minuten hatte ich mehr Gedanken und Ideen gehabt als sonst in zwei Stunden. Ich bekam ein anderes Zeitempfinden.

Für die Suche nach Lösungen oder passenden Strategien hatte ich früher viele Stunden, manchmal sogar Tage gebraucht. Stunden, die ich am Schreibtisch verbrachte, in denen ich aber nichts Hieb- und Stichfestes zustande brachte.

Die Freiräume abseits des Schreibtischs trugen dazu bei, den Lernprozess und meine Auseinandersetzung mit dem Thema aktiv zu unterstützen.

Sich ausklinken, weg sein vom Tagesgeschehen ... Einfach nur sein und zulassen, dass man viel kreativer und viel lebendiger ist, wenn es Zeiten ohne Uhr und ohne Termine gibt.

Gerade Frauen, die in ihre vielfältigen Verantwortlichkeiten eingebunden sind, gelingt es sehr schwer, sich Freiräume zu schaffen.

Der Gedanke, infolge freier Zeiten produktiver und leistungsfähiger zu sein, ist sehr befremdlich. Doch ich betone: Es lohnt sich! Gerade Frauen brauchen Freiräume für die Entfaltung der eigenen Persönlichkeit und zur Steigerung der Zufriedenheit.

Geben wir uns diese Zeit! Währenddessen transformiert unser Gehirn die Erlebnisse und Informationen: Sie werden in unserem Gehirn neu vernetzt und sind dann für weitere Verwendung abrufbar.

Solche Zeiten sind nie verloren oder vergeudet. Doch Zeiten, in denen von außen immerzu Anforderungen auf uns einprasseln, in denen wir vieles nur noch automatisch tun, sind fremdbestimmt – wir funktionieren, aber leben dann nicht.

Eine alte indianische Weisheit sagt: *„Wer keine Träume hat, hat auch keinen Mut zum Handeln."* „Was hat Träumen mit Handeln zu tun?", fragte ich mich, als ich diesen Satz zum ersten Mal las. Ich erkannte: Durch Träume entstehen Visionen, und es sind unsere Visionen, die uns beflügeln, Ideen umzusetzen oder unsere Lebensweise zu verändern.

Wenn wir wollen, dass unsere Visionen eines Tages wahr werden, müssen wir handeln. Uns bleibt gar nichts anderes übrig. Denn durch Untätigkeit werden wir unsere Visionen niemals verwirklichen. Wir brauchen also unsere Träume, um handeln zu können.

Träume können nur entstehen, wenn wir genügend Freiraum für unsere Gedanken haben. Unsere Gedanken müssen spielen können. Träume brauchen Zeit. Wenn ich immerzu beschäftigt bin, habe ich keine Zeit zum Träumen. Wenn ich zu viel täglichen Stress habe und mir keine Freiräume gebe, merke ich es auch daran, dass ich nachts weniger träume – zumindest kommt es mir so vor, weil ich mich am nächsten Morgen nicht mehr an meine Träume erinnere. Dann ist es dringend nötig, mir wieder mehr freie Zeiten zu gönnen. Ich brauche das für mich, für meine Kreativität und für meine Gesundheit.

Nein sagen

Nein sagen ist keine einfache Sache. Das hast du vermutlich selbst schon festgestellt. Für mich jedenfalls war das Neinsagen eine der größten Herausforderungen, die ich erst üben musste.

Warum ist es so wichtig, Nein sagen zu können? Kaum ein anderes Wort verschaffte mir annähernd so viel Zeit wie der gezielte Gebrauch des Wörtchens „nein".

Viele Menschen, vor allem Frauen, haben mit der eigenen Abgrenzung Probleme.

Weil das Ausleben von Bedürfnissen und Wünschen gern in den Hintergrund gestellt wird, gibt es viele Ursachen, warum wir Frauen Schwierigkeiten mit diesem Thema haben.

Einige Gründe habe ich zusammengetragen:

✓ Beim Wunsch, anderen zu helfen, lässt man seine eigenen Verpflichtungen gern in den Hintergrund rücken.

✓ Die Hilfe von anderen verpflichtet zu Gegenleistungen. Wer genommen hat, muss auch geben und geben und geben ...

✓ Der Drang, unentbehrlich zu sein, verführt immer wieder dazu, neue Aufgaben zu übernehmen, die eigentlich nicht willkommen sind.

✓ Die Angst, durch das Neinsagen jemanden zu verletzen, führt zu immer weiteren Verstrickungen.

So musste ich erst lernen, dass ich durch ein klares Nein Zeit und Freiraum für meine persönlichen Ziele gewann.

Gleichzeitig wussten die anderen, woran sie bei mir waren, und zu meinem Erstaunen nahmen sie mir mein Nein gar nicht übel.

Ich begriff, dass ich durch mein Neinsagen mein Leben gestalten konnte. Gleichzeitig hatte ich das Gefühl, mehr Selbstbewusstsein zu bekommen, weil ich mich nicht mehr manipulieren ließ.

Wie wichtig ein klares Nein in längeren Lernphasen ist, wird jeder verstehen, der das Gefühl hat, vor lauter anderen „Pflichten" käme er kaum zum Lernen.

Mit einem klaren Nein an Stellen, wo wir das Nein auch wirklich wollen, übernehmen wir die Verantwortung für uns. Dadurch fühlen wir uns stark und kraftvoll. Geben wir die Verantwortung an andere ab, bürden wir uns etwas auf, das wir innerlich gar nicht wollen, dann werden wir schwach – und fühlen uns genauso.

Selbstverantwortung und Selbstbestimmtheit sind im Grunde vollkommen selbstverständlich. Im Alltag vergessen wir beides nur allzu häufig. Es gibt viele Gelegenheiten, in denen wir unsere Macht an andere abgeben, ohne es zu bemerken. Deshalb gehört zur Selbstbestimmtheit auch das eigene Denken.

Das eigene Denken

In unserer modernen, elektronischen, computertechnischen Gesellschaft sind wir zu Informationskonsumenten geworden.

Die auf uns einströmenden Informationen werden konsumiert wie Essen oder Luft. Wir schalten keinen Filter mehr davor. Wir füllen alles in uns hinein, ohne zu prüfen, ob es richtig oder falsch ist, und verlassen uns darauf, dass der andere weiß, was richtig oder falsch ist. Wenn er dann ebenfalls ein Informationskonsument ist, stammt die Information aus „zweiter Hand". Trotzdem übernehmen wir sie häufig ungeprüft.

Das funktioniert wie in dem Spiel „Stille Post": Mehrere Kinder sitzen im Kreis. Das erste Kind denkt sich einen Satz aus und flüstert ihn seinem Nebensitzer ins Ohr. Dieser gibt den Satz an das nächste Kind weiter. So macht der Satz die Runde, bis das letzte Kind laut ausspricht, was es verstanden hat. Am Ende sind alle überrascht und amüsieren sich, wie sehr sich die anfängliche Botschaft verändert hat. Genauso handeln viele Erwachsene. Sie geben die empfangenen Botschaften so weiter, wie sie sie verstanden haben.

Durch eigenes Denken können wir verhindern, dass Informationen unreflektiert in unseren Wissensbestand eingehen.

Jeder Mensch verarbeitet und bewertet Informationen anhand seiner persönlichen Erfahrungsinsel: Damit meine ich das Wissen, das jede Person über sich, seine Familie, die Umwelt und über die Gesellschaft in sich trägt. Diese Erfahrungen wurden über Jahre gesammelt. Sie sind bei jedem Menschen anders – deshalb hat jeder Mensch seine eigene Erfahrungsinsel, auf deren Basis er sein Leben erlebt und sein Wissen weitergibt. Alle weitergegebenen Informationen gründen immer auf einer bestimmten, subjektiv gefärbten Erfahrungswelt.

Das eigene Denken hilft, empfangene Botschaften auf ihren Wahrheitsgehalt zu überprüfen. Aus welchem Kontext heraus wurden die Worte gesagt? Welcher kulturelle Hintergrund spielt dabei eine Rolle? Welche persönliche Motivation hatte die Person, die mir diese Botschaft übermittelte? Welche politische Ausrichtung hat der Fernsehsender, der diese Reportage gestaltet hat?

Nur wenn Hintergrundinformationen mit eigenen Erfahrungen verglichen werden, kann der Wahrheitsgehalt geprüft werden, sodass etwas Neues in uns entsteht. Erst das unabhängige Denken macht uns zu Menschen mit eigener Meinung - zu einer Persönlichkeit.

Immer wieder erlebe ich, dass Schüler für eine Aufgabe eine vorgefertigte Lösung fordern. Sie wollen nicht mehr selbst denken. Deshalb frage ich mich manchmal: Ist eigenständiges Denken nicht mehr zeitgemäß?

Die Gefahren, die durch das Vernachlässigen dieser Qualifikation entstehen, sind sehr groß: Wir überlassen dann das Denken den anderen und können so leicht manipuliert werden. Andere treffen für uns die Entscheidungen, deren Folgen wir tragen müssen!

Welche unheilvollen Folgen das haben kann, wissen wir aus unserer Geschichte. Jeder der die Verantwortung für seine Person übernimmt, wird sich irgendwann in seinem Leben einmal mit dem Thema „Selbstständig Denken" auseinandersetzen.

Das eigene Denken hat im Übrigen einen höchst interessanten Nebeneffekt: Es erweitert die Gehirnkapazität. Außerdem macht es sehr viel Spaß, obwohl es am Anfang ungewohnt erscheinen mag.

Durch das eigene Denken transformieren wir das Faktenwissen und verfügen damit über persönliche Erfahrungen. Die Datenbestände in unserem Gehirn werden neu vernetzt und das Wissen verankert. Durch das eigene Denken verbinden wir die Gedanken mit einem Gefühl. Wir bekommen ein Gespür für die Sache. Dies wiederum führt zu einer ganzheitlichen Archivierung des Wissens.

Vorsicht, Gehirnviren!

So wie es Computerviren gibt, kursieren auch Gehirnviren oder Gedankenviren. Gehirnviren produzieren Verallgemeinerungen. Sie basieren auf Annahmen, die jedoch jeder realistischen Grundlage entbehren. Sie haben Gemeinsamkeiten mit den Computerviren, spielen sich aber nur in unserem Denken ab. Sie vervielfältigen sich ziemlich schnell. Irgendwann glaubt jeder an ihren Wahrheitsgehalt, und niemand würde mehr einen Sinn darin sehen, die „Fakten" doch einmal in Frage zu stellen oder gar zu überprüfen.

Worte

Wie reagieren wir auf Worte?

Traurige Worte: Sie machen uns manchmal auch traurig und wecken unsere Anteilnahme.
Wütende Worte: Oftmals werden wir ebenfalls wütend und nehmen unweigerlich Partei ein für den vermeintlich ungerecht Behandelten.
Freudige Worte: Wir freuen uns mit, sie heben unsere Stimmung.
Befehlende Worte: Wir gehen in Abwehrposition, weil wir uns in unserer persönlichen Freiheit eingeschränkt fühlen, oder wir folgen dem Befehl, weil wir Angst vor den Konsequenzen haben.
Motivierende Worte: Sie trösten uns, bauen uns auf und machen Mut.
Monotone Worte: Sie langweilen uns.
Herablassende Worte: Wir fühlen uns klein und unbedeutend. Es geht uns nicht gut.
Liebevolle Worte: Sie wirken wohltuend und stabilisieren uns.

Das sind nur Beispiele dafür, was Worte bewirken und welche Gefühle sie in uns auslösen, ohne dass es bisher um den Inhalt der Worte ging.

Schon allein die Satzmelodie kann dafür sorgen, dass wir motiviert oder demotiviert sind.

„Der Ton macht die Musik", sagt ein altes Sprichwort. Liebevolle Worte, doch mit dem falschen Tonfall gesprochen, entlarven wir als unehrlich.

Herablassende Worte senken unser Wohlgefühl. Wer Sorgen hat, deprimiert ist oder Angst hat, hat ein niedriges Energieniveau. Wie geht es dir, wenn du Sorgen hast? Vermutlich so wie mir. Ich habe dann den Kopf voll und quasi keinen Platz mehr, um anderes aufzunehmen. Das Lernen fällt mir in solchen Situationen schwer.

*Um leicht zu lernen, benötigen wir
ein möglichst hohes Energieniveau.*

Läuft alles normal, bin ich guter Laune und schaue erwartungsfroh in die Zukunft, dann habe ich ein hohes Energieniveau. Die Arbeit geht mir leicht von der Hand, das Lernen fällt mir leicht.

Gehen wir mit einem Menschen positiv, respektvoll und achtsam um, erhöhen wir nicht nur sein Energieniveau, sondern auch unser eigenes und stellen gleichzeitig die Basis für einen guten Informationsfluss her.

Betrachten wir einen Menschen abwertend, sagen ihm vielleicht auch noch lieblose Worte, senken wir nicht nur sein Energieniveau, sondern verschließen gleichzeitig unsere eigenen Informationskanäle. Der Wissensfluss muss auf einem viel niedrigeren Niveau stattfinden, wenn er durch das niedrige Energieniveau überhaupt noch stattfinden kann.

Es ist also in unserem persönlichen Interesse, Worte zu wählen, zu lesen und zu hören, die unser Energieniveau möglichst erhöhen und auf keinen Fall senken.

„Ein Bild sagt mehr als tausend Worte" – Dieser Satz macht deutlich, wie ein einziges Bild, eine einzige Grafik dazu beitragen kann, komplizierte Sachverhalte zu verdeutlichen. Auch Bilder sind Schlüssel, die einen Erinnerungsprozess auf der unbewussten Ebene aktivieren.

Die Wand zwischen den Worten und uns

Damit Wissen zugänglich wird, müssen die Worte neben einer Melodie immer eine Information tragen. Und dieser Informationsinhalt, also die inhaltliche Aussage der Worte, muss von uns verstanden werden, damit wir vom Gesagten profitieren können.

Es gibt mehrere Gründe, warum das oftmals nicht so ist:

Die „falsche" Sprache
Viele kennen es aus eigener Erfahrung: Obwohl alle die deutsche Sprache sprechen, verstehen wir nicht, was der andere uns sagen will.

Obwohl er uns bekannte Wörter benutzt, ergibt ihr Inhalt für uns keinen Sinn.

Das kann folgende Gründe haben: Er benutzt ein Fachvokabular, das wir nicht kennen. Ein Maschinenbauingenieur benutzt andere Worte, um einen Sachverhalt dazustellen, als ein Psychologe, Rechtsanwalt oder Beamter. Es ist daher wichtig, die „gleiche Sprache" zu sprechen.

Übrigens führt dieses Phänomen gerade in der Kommunikation zwischen Männern und Frauen oft zu Missverständnissen.

Gute Seminarinhalte und Vorträge sind deshalb für eine bestimmte Zielgruppe aufbereitet. Das geschieht hauptsächlich, um diese Sprachbarrieren möglichst zu vermeiden.

Da ich inzwischen um dieses Problem weiß, gelingt es mir heute leichter, meine Gesprächspartner zu bitten, mir den Sachverhalt in der allgemeinen Umgangssprache zu erklären, oder – wenn es sich um geschriebene Texte handelt – mich mit dem Fachvokabular vertraut zu machen. Meinen Frust: „Warum verstehe ich das nur nicht?", konnte ich durch dieses Verhalten erheblich reduzieren.

Fehlender Hintergrund
Fehlende Hintergrundinformationen können Verwirrung stiften oder Missverständnisse provozieren. Wenn ich einen Einheimischen nach dem Weg frage, schickt er mich vielleicht zunächst zum Bahnhof, und dort solle ich links abbiegen. Als Fremde in der Stadt reicht mir diese Information nicht aus, denn wo, bitte schön, ist der Bahnhof? – Wenn jemand nicht weiß, dass Blei giftig ist und Gesundheitsschäden verursacht, kann er nicht verstehen, warum Bleileitungen durch modernere Materialien ersetzt werden sollten.

In der Pädagogik spricht man davon, einen Lehrstoff didaktisch aufzubauen, das heißt, die Informationen werden Stufe für Stufe aufeinander aufbauend weitergegeben. Fehlt eine Zwischenstufe, entsteht eine Lücke und das Verständnis geht verloren. Sind solche Informationslücken einmal entstanden, bleibt einem nichts anderes übrig, als sie schnellstmöglich zu schließen, damit das durch Worte übermittelte Wissen wieder zugänglich wird: Sonst verpasst man den Anschluss und hat mit weiteren Informationsbarrieren zu kämpfen. So simpel es klingen mag, es ist einfach Realität.

Falsche Kommunikationsebene
Jemand versucht etwas sachlich, also sachbezogen zu erklären, ich jedoch versuche die Worte gefühlsmäßig zu erfassen. Das geht natürlich schief. Deshalb ist es wichtig, die gleiche Kommunikationsebene zu benutzen.

Stimmt diese Ebene nicht, gehen die Worte an uns vorbei. Gute Vorträge beinhalten beides, logisch, sachliche Informationen und Wortbilder und anschauliche Beispiele, um allen Zuhörern gerecht zu werden.

Missverständnisse
Manches Unverständnis beruht nur auf Missverständnissen. Wenn jemand von der Bevölkerung in Kalabrien berichtet, während ich annehme, dass er von den Menschen in Kolumbien erzählt, bin ich irritiert und kann ihm nicht folgen. Hier hilft nur nachfragen, bevor weitere Verwirrung entsteht.

Falsche Erwartungen
Oftmals haben wir gewisse Erwartungen. Wenn dann die Ausführungen des Redners nicht mit dem übereinstimmen, was er unserer Meinung nach sagen

müsste, sind wir durch unsere fixen Gedanken befangen und haben ein Problem damit, ihn zu verstehen.

Worte können Kommunikationskanäle öffnen,
aber auch ganz leicht verschließen.
Worte können den Wissensfluss unterstützen,
aber auch blockieren.
Worte können ein leichtes Lernen fördern,
aber auch verhindern.

Wir alle haben unsere eigene Erfahrungsinsel, unseren eigenen Pool von Erfahrungen und Wissen. Bei jeder Kommunikation mit anderen Menschen agieren wir von der Basis dieses Schatzes aus. Um konfliktfrei mit anderen kommunizieren zu können, lohnt es sich deshalb, einen Blick auf die Verständnistreppe zu werfen.

So vermeide ich Missverständnisse:

- ✓ Was ich gedacht habe,
  habe ich noch nicht gesagt.

- ✓ Was ich gesagt habe,
  hat der andere noch nicht gehört.

- ✓ Was er gehört hat,
  hat er noch nicht verstanden.

- ✓ Mit dem, was er verstanden hat,
  muss er noch lange nicht einverstanden sein.

Eine gute Kommunikation ohne Missverständnisse und ohne Wortbarrieren sorgt für ein entspanntes und friedfertiges Miteinander – und das wiederum schafft eine angenehme Lernatmosphäre.

Dem Lernen einen Rahmen geben, heißt sich einlassen. Dem Wunsch, neben dem ganzen Spagat zwischen Beruf und Familie lernen zu wollen, Raum zu geben, um eine möglichst entspannte innere Einstellung zu gewinnen.
Im nächsten Kapitel zeige ich dir, wie du das Lernen aktiv gestalten kannst.

Lernen aktiv gestalten

Aktiv lesen

Ich war schon immer sehr neugierig und wollte viel wissen. Um mir neues Wissen anzueignen, war es für mich unverzichtbar, viel zu lesen und zu schreiben.

Doch nicht alle Texte liest man gern, deshalb brauchte ich für das Studium eine Methode, die es mir erlaubte, Texte schnell und doch gründlich zu erarbeiten. Also gewöhnte ich mir an, Bücher und Texte gleich von Anfang an aktiv zu lesen, das heißt, wichtige Textteile sofort zu markieren (unterstreichen, eventuell Anmerkungen hinzufügen). Textpassagen, die interessant waren und von denen ich wusste, dass sie voraussichtlich gebraucht würden, schrieb ich mir sofort heraus und notierte mir auch die Quellen.

Leider gehöre ich zu den Menschen, die gelernt haben, Bücher lese man von vorn bis hinten durch. Trotz allen Bemühens habe ich das selektive Lesen nie richtig beherrscht.

Da meine Art des Lesens sehr mühsam sein konnte, hatte ich mir angewöhnt, unwichtige Passagen zu überfliegen. Bei EDV-Fachbüchern ging ich grundsätzlich nach dem Inhaltsverzeichnis vor. Interessante Kapitel las ich, andere ließ ich aus. Doch bei manchen EDV-Büchern baut ein Kapitel auf das andere auf. Deshalb gewöhnte ich mir an, zuerst die Einleitung eines Buches zu studieren, denn üblicherweise gibt sie Auskunft darüber, wie mit dem Buch umgegangen werden sollte.

Um mir die Inhalte der Bücher möglichst leicht zu erarbeiten, übte ich folgende Vorgehensweise ein:

Überblick gewinnen - Ich lese zuerst das Inhaltsverzeichnis und die Zusammenfassung an den Kapitelenden. Das hat den Vorteil, dass ich schon zu diesem Zeitpunkt mein Vorwissen aktivieren und es in die Bearbeitung des zu lesenden Stoffes mit einfließen lassen kann.

Fragen stellen - Ich entwickle Fragen, zum Beispiel nach den Zusammenhängen. Wenn ich mit einer bestimmten Fragestellung an das Lesen herangehe, gestaltet sich das Lesen für mich interessanter.

Lesen - Ich versuche gezielt zu lesen, suche nach den Hauptaussagen und nach den dazugehörigen Argumenten. Fremdwörter und Fachausdrücke schlage ich meist sofort nach, damit es gar nicht erst zu Missverständnissen kommt.

Gleich während des Lesens markiere ich wichtige Textpassagen, denn schon mit dem Markieren strukturiere ich den Text und fördere gleichzeitig das kritische Durcharbeiten.

Ich unterstreiche vor allem Schlüsselbegriffe und Leitgedanken. Manchmal benutze ich verschiedene Farben, aber ich vermeide es, zu viel bzw. ganze Sätze zu färben. Übrigens: erst lesen, dann markieren – sonst hebt man manches ganz unbewusst hervor, das heißt, das Markierte ist unreflektiert und kann nicht zur aktiven Verarbeitung des Gelernten beitragen.

Bei einigen Fachthemen ist es wichtig, die Meinung des Autors von den – auf Fakten beruhenden – wissenschaftlichen Erkenntnissen zu unterscheiden, denn in fast jedes Buch fließt die persönliche Auslegung des Autors mit ein. Jedes Fachbuch trägt trotz aller Wissenschaftlichkeit eine individuelle Handschrift.

Rekapitulieren - Ich überdenke das Gelesene in kleinen Abschnitten. Deshalb halte ich auch nach jedem Kapitel inne, um mir den Inhalt des Gelesenen wirklich bewusst zu machen.

Manchmal mache ich mir Notizen und schreibe Stichpunkte auf. Will ich komplexere Zusammenhänge im Kopf behalten, benutze ich die grafische Darstellung des Mind Mappings.

Stichwörter, die ich auf diese Art und Weise anordne, behalte ich länger im Gedächtnis.

Das Rekapitulieren, das mündliche Zusammenfassen des Gelesenen, dient dazu, das Gelesene im Gedächtnis zu verankern.

Nachbereiten - Um feststellen zu können, ob ich das Gelesene richtig verstanden habe, stelle ich Fragen und prüfe, ob ich sie richtig beantworten kann.

Manchmal merke ich, dass es sinnvoll ist, meine Notizen durch eigene Anmerkungen, Kritik und Verweise auf andere Quellen zu ergänzen, damit sie rund werden.

Verstärker suchen

Verstärker suchen – das hört sich merkwürdig an, ist aber absolut sinnvoll und effektiv, denn es dient dazu, das neue Wissen zu verfestigen. Es geht darum, das Signal zu verstärken, damit es besser vom Gehirn verarbeitet werden kann.

Ich bin ein Typ, der ungern stur paukt. Deshalb suche ich mir meistens andere Methoden, um den gleichen Effekt zu erreichen.

Zwei Beispiele: Ich beschäftigte mich schon mit einem Gebiet, gleichzeitig bot das Bildungsfernsehen eine Sendung zum gleichen Thema an.

Oder: Ein Thema hatte ich nicht recht verstanden – doch gewiss gab es ein anderes Buch mit genau den gleichen Informationen, das mir verständlicher erschien. Jeder Autor schreibt anders. Das Leben ist bunt, und genauso bunt kann man das Lernen gestalten.

Die Fachliteratur spricht von verschiedenen Lerntypen. Man unterscheidet zwischen dem visuellen Lerntyp, der hauptsächlich über das Sehen lernt, dem auditiven Lerntyp, der bevorzugt über das Hören lernt, und dem kinästhetischen Lerntyp, der über den Geschmack, den Geruch und das Gefühl lernt.

Natürlich ist es hilfreich zu wissen, ob man hauptsächlich über die Augen oder über die Ohren oder über das Begreifen, das Ausprobieren lernt. Für mich persönlich war der Mix von allem optimal, denn die Mischung verschiedener Methoden und Materialien gestaltete das Lernen für mich kurzweilig.

Im Rahmen meines Studiums musste ich mich mit dem Thema „Netzwerktechnologie" auseinandersetzen. Zur gleichen Zeit fiel mir bei einem Besuch in Lübeck das Buch „Data Zone" von Tsutomu Shimomura und John Markoff in die Hände. Ein absoluter Glücksgriff!

Das Buch handelte von einem Hackerangriff und der darauf folgenden Verbrecherjagd nach dem Hacker Kevin Mitnick. Netzwerk- und Internetsicherheitstechnologie einmal anders. Anhand dieses Krimis lernte ich mehr über Netzwerke als aus dem Lehrbuch. Um dem Handlungsstrang des Buches einigermaßen folgen zu können, musste ich mir als Anfängerin auf diesem Gebiet die nötigen Grundkenntnisse und Fachausdrücke aneignen, was dazu führte, dass ich sehr viele Fragen hatte. Das Schönste an meinem Studium war: Ich hatte endlich ein Umfeld, in dem all meine Fragen beantwortet wurden.

Verstärker waren und sind für mich vor allem Menschen, mit denen ich mich über „meine" Themen unterhalten kann.

Meistens ist es für mich schwierig, solche Personen zu finden, denn gerade im privaten Bekanntenkreis teilen nur wenige Frauen meine Vorliebe für Computer. Hilfreich waren jedoch die guten Kontakte zu den Mitgliedern meiner Lerngruppe. Noch mehr Inspiration erhielt ich von Menschen, die sich in der Thematik schon auskannten: Wenn sie die Geduld aufbrachten, mit mir als Greenhorn zu fachsimpeln, war das ein wahres Geschenk, von dem ich sehr profitieren konnte. Den gleichen Effekt machen sich übrigens auch die heutigen Mentoring-Programme an den Universitäten und in den großen Unternehmen zunutze.

Manchmal habe ich erlebt, dass Menschen, bei denen ich es nie vermutet hätte, über ein sehr fundiertes Fachwissen zu bestimmten Themen verfügen. Erst dadurch, dass ich mich selber öffnete und von meinen Interessen erzählte, berichteten sie von ihren Erfahrungen. So entstanden ganz spontan spannende Gespräche, die sehr bereichernd waren und für mich viele gute Ansätze für meine Arbeit brachten.

Informationssammlung

Wie hilfreich es ist, Ordnung zu halten, habe ich schon erwähnt. Ordnung strukturiert im Außen, was wir im Kopf ordnen wollen. Da wir in der heutigen Zeit eher über zu viele Informationen verfügen als über zu wenig, ist es wichtig, die auf uns einfließenden Informationen gleich richtig zu behandeln.

Ordnung
Um Ordnung zu halten, hilft mir ein strukturiertes Ablagesystem. Ich liebe Ordner. Andere Menschen mögen Briefablagekästen. Manchmal ist es auch sinnvoll, eine Hängeregistratur zu benutzen. Nachdem ich wieder einmal in Zeitschriften und Papierbergen versank, gewöhnte ich mir an, alles, was sich ansammelte, gleich zu sortieren. Dafür nutze ich folgendes System:

Die alles entscheidende Frage lautet: „Brauche ich diese Information?"

- Nein – ab in den Papierkorb!
- Vielleicht später – unter dem Stichwort oder Thema ablegen.
- Ja, passt genau – in die entsprechende Ablage für das Fachthema einordnen.

Bei einigen Zeitschriften und einzelnen Artikeln bin ich mir manchmal nicht im Klaren, ob ich sie benötige oder nicht. Weil ich sie noch nicht wegwerfen möchte, lege ich für sie einen Kasten an, in dem ich zunächst alles sammle.

Greife ich innerhalb des kommenden Jahres nicht auf diese Informationen zurück, wandert der gesamte Inhalt des Kastens ungelesen in den Papiermüll. Wohlgemerkt ungelesen, jedes nochmalige Durchforsten des Inhaltes kostet unnötige Zeit.

Ich vertraue darauf, dass ich die Informationen, die sich in diesem Stapel befinden, eines Tages notfalls anderweitig beschaffen kann.

Am Anfang fiel es mir ziemlich schwer, die Zeitschriften unbesehen zu entsorgen, doch ich wusste, das nochmalige Aussortieren erzeugte nur einen neuen, wenn auch kleineren Stapel, für den ich letztendlich wieder keine Zeit finden würde.

Adressen
Gleich zu Beginn des Studiums legte ich mir ein Adressenverzeichnis an, in das ich alle Adressen der Weiterbildungsinstitution, Bibliotheken, Dozenten,

Lernpartner und sonstiger hilfreicher Personen oder Institutionen eintrug. Zu den Daten gehören auch die E-Mail-Adressen. Dieser Datenbestand half mir, anstehende Fragen sofort zu klären, nötige Informationen umgehend zu beschaffen und die Vorteile eines guten Netzwerkes zu nutzen.

Informationsbeschaffung
Folgende Fragen unterzog ich einer genauen Überprüfung:

- Welche Zeitung, welche Zeitschrift ist für mich und mein Ziel hilfreich?
- Wo ist die nächste Bibliothek, wie sind die Ausleihzeiten und Konditionen?
- Welche Bücher sollte ich mir für meine eigene kleine Bibliothek anschaffen?
- Welche alternativen Möglichkeiten gibt es, an die gewünschten Informationen zu kommen?

Das Klären dieser Fragen führt zu einer fundierten Informationsstruktur, die es erlaubt, schnell und ohne große Umstände die richtigen Informationen zu gewinnen.

Archivierung
Die Papier-Ablage gedruckter Materialien haben wir bereits behandelt. Auch der Computer bietet sich an, um Informationen zu beschaffen, aufzuzeichnen und zu archivieren. Alle abgespeicherten Informationen sollten jedoch wiedergefunden werden.

Hilfreich sind:

- eine übersichtliche Verzeichnisstruktur, eventuell nach Fachthemen gegliedert, mit entsprechenden Unterordnern
- alle Dokumente mit eindeutigen Dateinamen zu versehen
- Artikel einscannen und im Fachverzeichnis ablegen

Mit ein wenig Struktur und Disziplin kann man sich am Computer eine Wissensbasis aufbauen, die den Umgang mit Lernmaterial und eigenen Ausarbeitungen gekonnt unterstützt.

Internet
Das Internet ist die größte Datenbank der Welt. Durch dieses Medium bekommen wir Zugang zu Informationen, die wir vor Jahren noch mit erheblichem Zeitaufwand und Mühe beschaffen mussten. Wichtig: Das Internet hat seine eigenen Regeln!

Meine Anregungen:
Nie im Internet surfen, ohne einen Virenscanner (Virenschutzprogramm) auf dem Rechner aktiviert zu haben!

Daten aus dem Internet nie unreflektiert übernehmen! Im Internet gibt es alle Arten von Informationen. Jeder Mensch kann seine eigene Meinung über das Internet verbreiten. Deshalb müssen Daten, die für Schul- oder Studienzwecke genutzt werden, aus einer sicheren Quelle stammen und gegebenenfalls geprüft werden.

„Verschollen im Internet" – so könnte man es bezeichnen, wenn man im Internet nach Informationen sucht und von Seite zu Seite surft, ohne etwas qualitativ Sinnvolles zu finden.

Bei der Nutzung des Internets empfiehlt es sich, sich mit den Grundlagen der Anwendung vertraut zu machen. Nur wer mit einem Werkzeug umgehen kann, kann es nutzbringend einsetzen.

Das Internet bietet vielfältige Möglichkeiten, um das Lernen aktiv zu unterstützen. E-Learning ist eine der attraktiven Chancen, sich neue Wissensgebiete zu erschließen. Viele Weiterbildungsinstitute und Schulen bieten Internetplattformen an, um die Kontakte zwischen Lehrenden und Lernenden aktiv zu unterstützen.

Nach meinen Beobachtungen überschätzen wir momentan die Wissensvermittlung per Computer. Grundsätzlich tendieren wir dazu, dem Fernsehen und dem Computer zu viel Raum in unserem Leben zu geben. Dadurch lassen wir unsere Kreativität, unsere Träume und Fantasie verkümmern. Gerade die eigenen seelischen Innenräume spielen jedoch beim Lernen und bei der Wissensvernetzung in unserem Gehirn eine große Rolle. Nur wenn wir unser Vorstellungsvermögen trainieren, gelingt es uns, zukunftstaugliche Visionen und Ideen zu entwickeln.

Was bedeutet Lernen überhaupt? Im Mittelpunkt allen Lernens steht immer die eigene Person. Sie auf einen einzigen Teilaspekt zu begrenzen heißt, die vielen anderen Aspekte der Persönlichkeit auszublenden. Wenn wir über eine Schatztruhe verfügen würden, die mit Gold, Silber, Diamanten und Perlen gefüllt ist – würden wir dann auch nur die Goldstücke nutzen?

Offen sein

Wer ein positives Lernfeld aufbaut, wird bald feststellen, dass aus allen möglichen Richtungen Informationen zu seinem Lernthema zu ihm gelangen.

Gemäß dem Satz *„Wo die Aufmerksamkeit ist, ist auch die Energie"* bekommst du Hilfestellungen aus unterschiedlichen Richtungen.

Manche Informationen, die ich nur wie zufällig gelesen hatte, wurden wichtige Bestandteile meiner Studienarbeit. Genauso erging es mir mit einer Fernsehsendung, die annähernd zum gerade bearbeiteten Themenkomplex passte. Wenig später wurde ich während der Vorlesung mit genau diesem Gebiet konfrontiert. Zu meiner großen Freude verfügte ich durch den Fernsehbericht über das nötige Grundlagenwissen, um der Vorlesung zu dieser eher komplizierten Theorie mühelos folgen zu können. Zufall?

Umgibt dich ein positives Lernfeld, erzeugst du ein positives Erwartungsfeld. Das hat zur Folge, dass manche Wünsche manchmal buchstäblich sofort in Erfüllung gehen. Als ich mich mit dem Thema „Netzwerk" beschäftigte, dachte ich: Oh, ich würde so gern einmal ein Netzwerk aufbauen! Schon am nächsten Präsenztag bauten wir ein Netzwerk auf. Rein zufällig natürlich, weil der Rechnerraum gerade frei war und ein Dozent krank geworden war. Ein anderes Mal wünschte ich mir, einmal bei der Erstellung einer Web-Präsenz mitarbeiten zu können. Auch dieser Wunsch ging wenig später in Erfüllung. Mein größter Wunsch, an einem Projekt mitzuwirken, bei dem ich meine betriebswirtschaftlichen Kenntnisse mit dem neu erworbenen EDV-Wissen verknüpfen und einsetzen könnte, erfüllte sich noch im selben Semester.

Erst jetzt, Jahre später, nachdem ich mich mit wissenden Feldern beschäftigt habe, weiß ich, dass es eine logische Resonanz auf mein damaliges Erwartungsfeld war. Heute weiß ich, man kann den Ablauf von Geschehnissen durch eine positive, offene Erwartungshaltung beeinflussen.

Zuhören

Weil jeder permanent beschäftigt ist, hat kaum jemand noch Zeit, richtig hinzuhören.

Gleichzeitig ist das eigene innere Gedankenkonzert immerzu mit den persönlichen Angelegenheiten beschäftigt. So legt sich eine dicke Schicht zwischen das, was der andere mir sagen will, und das, was ich verstehe.

Für mich ist das aktive Zuhören eine Möglichkeit, mich schon beim bloßen Hören mit dem Thema zu befassen.

Will ich durch Zuhören lernen oder besser verstehen, muss ich zuvor mein Gedankenkonzert zum Schweigen bringen. Wie bei einem Tonbandgerät, das nicht gleichzeitig aufnehmen und abspielen kann, so können auch wir uns nicht auf beides zugleich konzentrieren. Ich muss mich auf mein Gegenüber konzentrieren, ihm meine volle Aufmerksamkeit widmen.

Je konzentrierter ich zuhöre, desto höher ist die Qualität der Verbindung zwischen dem Redner und mir.

Damit wird folgender Prozess in Gang gesetzt: Schon beim Zuhören vergleicht das Gehirn das Erfahrene mit den vorhandenen Informationen, stellt Unstimmigkeiten fest oder nimmt einfach das Neue auf. Aus den Unstimmigkeiten und den fehlenden Hintergrundinformationen entwickeln sich Fragen, die dann als Gedanken auftauchen. Diese Fragen können in den Prozess einbracht werden. Sie werden je nach Situation laut gestellt oder nur in Gedanken registriert. Dieses Geschehen nennt man aktives Zuhören.

Bei einem Gespräch mit einer anderen Person lasse ich mich ganz auf mein Gegenüber ein. Je aktiver ich ihm zuhöre, desto mehr erfahre ich. Auch der andere profitiert von meiner Aufmerksamkeit. Er fühlt sich als Person wahrgenommen. Durch meine Bestätigung oder mein Nachfragen signalisiere ich ihm: „Ich höre dir zu. Es ist mir wichtig, was du sagst." Meine Aufmerksamkeit verleiht ihm Energie, ihm fallen Fakten ein, die er längst vergessen glaubte. Plötzlich ist es ihm möglich, Puzzleteile zusammenfügen, sodass er selbst ungeahnte Erkenntnisse für sein Fachgebiet erhält.

Durch aktives Zuhören entsteht eine hohe Zeitqualität, denn die für mich bestimmten Informationen können ungehindert fließen. Durch aktives Zuhören kann ich viel Zeit sparen, die ich sonst für die Aufarbeitung des Themas am Schreibtisch benötigt hätte.

Eine besondere Gesprächsregel entwickelte Amerikas Organisations-Guru Stephen Covey: Jeder Teilnehmer einer Diskussionsrunde muss seinen Beitrag damit beginnen, den Standpunkt seines Vorredners in einem Satz wiederzugeben – und zwar so, dass sich der Vorredner verstanden fühlt. Erst dann darf die eigene Meinung vorgebracht werden. Diese „Hörerbestätigung" sorgt dafür, dass jeder wirklich zuhört. Die Lernfähigkeit der gesamten Gruppe steigt, die Aggressivität sinkt.

Fragen stellen

Sogar der langweiligste Lernstoff kann durch die richtigen Fragen interessanter gestaltet werden.

Fragen regen zum Denken an: Der Mensch beginnt, eigenständige Lösungen zu konstruieren. Indem Fragen formuliert werden, beginnt man die Lerninhalte zu durchdenken und zu durchdringen. Gleichzeitig sichert schon allein das gedankliche Bilden von Fragen den Wissensstoff gegen das Vergessen.

Stelle Fragen an deine Lernpartner! Du wirst überrascht sein, wie positiv sie auf deine Fragen reagieren.

Wie wichtig Fragen sind, wurde mir nach dem Zukunftskongress der TU Braunschweig zum Thema „Wissenschaft als Zukunftskultur" bewusst. Gerhard Vollmer, Professor für Philosophie, hielt einen Vortrag mit dem Titel „Warum haben wir keine Frage-Kultur?". In seiner Zusammenfassung zum Vortrag heißt es: „Wissenschaft lebt von Problemen; insbesondere ist der wissenschaftliche Fortschritt auf die klare Formulierung ungelöster Probleme angewiesen. Dies wird allgemein anerkannt: Die richtigen Fragen zu stellen gilt als eine bewundernswerte Kunst [...]. [...] ungelöste Probleme zu formulieren ist nicht üblich; es ist auch nicht einfach; man könnte sich blamieren; andere könnten davon profitieren [...]"

Problemlösung und Fragestellung haben in der Wissenschaft einen anderen Stellenwert und eine ganz andere Tiefe als in meinem Alltagsleben. Trotzdem trugen diese Worte dazu bei, dass sich mein Alltagserleben veränderte.

Indem ich begann, Fragen zu stellen und Dinge zu hinterfragen, entdeckte ich Zusammenhänge und Strukturen, die mir bisher verborgen geblieben waren.

Doch wie will ich lernen, Fragen zu stellen, wenn ich es nie versuche, und wie sollen gute Fragen entwickelt werden, wenn ich das Fragenstellen nicht lerne?

Aus Fragen lernen wir – lerne, Fragen zu stellen!

Am Anfang erscheint es vielleicht schwierig, doch es fällt von Mal zu Mal leichter. Gute Fragen bereichern den Unterricht. Gute Fragen fördern das didaktische Lernen und bringen Spannung und Leben in eine sonst oft trockene Materie.

Allerdings: Zwischenfragen oder Fragen, die nicht zum Thema gehören, tragen nicht zum Wissenstransfer bei und beeinflussen den Lernfluss auf unangenehme Weise.

Fehler machen

In einer perfekten Welt will jeder möglichst perfekt sein. Darum heißt es: „Nur möglichst keine Fehler machen!"

Bewegen wir uns auf einem fremden Gebiet, müssen wir es kennen lernen. Unbekanntes Terrain schließt von Anfang an die Möglichkeit ein, einen Fehler zu machen. Entwicklung geschieht durch Versuch und Irrtum. Jeder Versuch birgt die Möglichkeit des Irrtums. Deshalb ist ein Fehler eine rein logische Konsequenz der Weiterentwicklung!

Sich weiterentwickeln heißt also: das Risiko eingehen, Fehler zu machen. Es bedeutet nichts anderes, als dass die von mir gedachte Lösung für ein Problem falsch war und ich einen neuen Versuch starten muss. Auch der neue Versuch trägt die Möglichkeit des Irrtums in sich. Nichts zu wagen, nichts zu fragen, nichts auszuprobieren, nur weil die „Gefahr" eines Fehlers besteht, würde bedeuten, sich von der eigenen Weiterentwicklung abzutrennen.

Vor einiger Zeit wurde im Fernsehen eine Diskussion zwischen einem Philosophen, einem Sozialwissenschaftler und einem Neurobiologen gesendet. Das Grundthema war „Die Angst".

Beim Thema „Angst vor Veränderung" gab der Neurobiologe zu bedenken, dass Angst vor Veränderung oft Angst vor Fehlern bedeute. Das Gehirn brauche jedoch Fehler, brauche also Veränderung und Weiterentwicklung, um nicht zu verkümmern. Die neuralen Netze würden nur angeregt, wenn sie permanent mit neuen Herausforderungen konfrontiert würden. Damit bestätigte er meine These: Die Bereitschaft, Fehler zu wagen, hilft unserem Gehirn, aktiv und gesund zu bleiben, denn Sich-Weiterentwickeln heißt, neue Gehirnareale zu aktivieren. Wenn in dir also wieder einmal die Angst, dich zu blamieren, auftaucht, denke daran, dass du in diesem Moment dafür sorgst, dass dein Gehirn gesund bleibt!

Wer keine Fehler macht, bringt sich um wichtige Erfahrungen! Wer lernt, darf auch Fehler machen, denn aus Fehlern lernen wir.

Aus Fehlern lernen wir – lerne, Fehler zu machen!

Übrigens:
Fehler machen heißt nicht zu schludern, nachlässig zu sein oder sich nicht zu bemühen – sondern sich ernsthaft anzustrengen, und wenn sich dieses Bemühen als falsch – als Irrtum – herausstellt, nicht stehen zu bleiben, sondern einen neuen Versuch zu wagen.

Wiederholen

Wiederholung sichert das Wissen vor dem Vergessen! Immer wieder weisen Pädagogen darauf hin, wie wichtig es gerade für Kinder ist, Hausaufgaben (sowohl schriftliche als auch mündliche) sofort – also am selben Tag, an dem sie gestellt wurden – zu erledigen.

Warum ist ein sofortiges Wiederholen des Schulstoffes so bedeutsam? Das Ultrakurzzeitgedächtnis ist wie ein grobmaschiges Sieb. Schon nach etwa 20 Sekunden „wirft" es Bilder, Wörter und Zahlen, denen keine Aufmerksamkeit geschenkt wird, wieder aus dem Bewusstsein. Durch aktives Zuhören lassen sich die Siebmaschen enger stellen, damit mehr „hängen" bleibt. Die aufgenommenen Informationen werden ins Kurzzeitgedächtnis geschickt.

Alles, was nicht binnen zwei Tagen als wichtig eingestuft wird, wandert von hier aus gleichsam in den „Müll". Neues Wissen, das nicht innerhalb dieses Zeitraums durch Wiederholung verstärkt wird ebenfalls. Erst durch das Wiederholen kann es sich im Langzeitgedächtnis verankern, sodass es dauerhaft präsent bleibt. Deshalb ist es wichtig, neue Lerninhalte innerhalb einer kurzen Frist nochmals zu bearbeiten, damit sie im Gedächtnis bleiben.

Manches kann ich mir einfach schlecht merken. Dann notiere ich das Wort oder den Satz dreimal hintereinander auf einem Blatt Papier. Seitdem ich diese Methode für das Merken von Fachbegriffen oder Vokabeln benutze, behalte ich sie wesentlich besser im Gedächtnis. Durch das schriftliche Fixieren der Worte auf Papier habe ich die Liste im Kopf verankert. Wie beim Einkaufen im Alltag wird der Einkaufszettel dann meist nebensächlich, weil ich alle wichtigen Details noch im Gedächtnis habe.

Nach dem gleichen System erstellen Kinder einen Spickzettel für ihre Klassenarbeiten. Indem sie sich noch einmal konzentriert und intensiv mit dem Thema beschäftigen, um möglichst das Wichtigste zu notieren, ist das Wissen in ihrem Kopf präsent. Der Spickzettel dient nur noch als psychologische Stütze, als eine Option, auf die man zugreifen kann, wenn vor lauter Stress der Zugang zum Erlernten verschlossen bleibt.

„Verstärker suchen" hat den gleichen Effekt wie das „Wiederholen". In welcher Form auch immer der Lernstoff erneut bearbeitet wird: Das mehrmalige Wiederholen der grundlegenden Inhalte bewahrt das Gelernte vor dem Vergessen.

Üben

*Was du ererbt hast von deinen Vätern,
erwirb es, um es zu besitzen!*

Johann Wolfgang von Goethe

Üben ist ein Entwicklungsprozess. Bei vielen Sportarten muss die Muskulatur erst entwickelt werden, damit wir erfolgreich sein können. Ein Marathonläufer kommt ohne eine gute Beinmuskulatur nicht besonders weit. Ähnlich ist es mit geistigem Wissen.

Das Gehirn ist ein Muskel und will trainiert werden. Je besser der Muskel Gehirn trainiert ist, desto leichter fällt es ihm, Neues aufzunehmen und dieses Wissen mit dem vorhandenen zu vernetzen. Bis dieser besondere Muskel wirklich gut durchtrainiert ist, heißt es üben, üben und üben – und ihn dann ständig fit halten.

Speziell für die Persönlichkeitsentwicklung ist es wichtig, die geistigen Qualitäten zu trainieren. Dazu gehören Geduld, Konzentration und Ausdauer. Durch Üben – um gewisse Kenntnisse zu erlangen oder eine Fertigkeit zu beherrschen – trainieren wir Ausdauer und Durchhaltevermögen. Erst geht alles ganz langsam, wir beobachten jede Handbewegung oder jedes einzelne Wort, dann geht es etwas schneller, und zum Schluss denken wir gar nicht mehr darüber nach, denn jetzt wissen wir: Wir können es! So entwickeln wir nach und nach unsere Fähigkeiten.

Ein schönes Beispiel dafür ist das Autofahren. Anfangs fiel es mir sehr schwer, die Motorik der Hände und der Füße auf den Pedalen zu koordinieren, wenn die Ampel auf Grün schaltete. Heute denke ich nicht mehr über diese einzelnen Schritte nach. Sie sind mir so selbstverständlich, dass alle Handhabungen automatisch ablaufen und ich mir kaum noch vorstellen kann, wie mühsam es am Anfang war. Durch tägliches Üben habe ich die Routine erworben, die es mir erlaubt, die Fertigkeit des Autofahrens souverän zu beherrschen.

Durchhaltevermögen, Durchsetzungskraft, Selbstbewusstsein, Teamfähigkeit, Ehrlichkeit, Ausdauer, Zuverlässigkeit – diese persönlichen Qualitäten können, wenn sie nicht vorhanden sind, wie vieles erlernt und trainiert werden.

Selbst der begabteste Musiker wird keinen Erfolg haben, wenn er nicht regelmäßig übt, und der talentierteste Internet-Sicherheitsexperte wird nur halb so gut sein, wenn er seine womöglich destruktiven Persönlichkeitsmuster nicht erkennt und an ihnen arbeitet.

Ein kleines Kind übt unermüdlich. Es erschließt sich übend und ständig wiederholend seine Welt. Wir Erwachsenen können von den kleinen Kindern eine ganze Menge lernen. Von unseren Ahnen bekommen wir unsere Talente mit. Doch wir sind es, die sie entdecken, entwickeln und entfalten müssen. Das Üben hilft uns dabei.

Spielen

Kinder frühzeitig und auf spielerische Weise zu fördern – das gewährt ihnen eine bessere Startposition fürs Leben. Zahlreiche Lernspiele wurden und werden entwickelt, weil Kinder am besten spielerisch lernen.

Relativ wenige Spiele sind so konzipiert, dass sich eine Person alleine damit beschäftigt. Spielen – gemeinsam spielen – bringt Spaß und fördert den achtsamen Umgang miteinander.

Man lernt zu gewinnen, ohne den anderen für weniger wertvoll zu halten, denn beim nächsten Spiel gewinnt vielleicht er.

Der junge Mensch hat die Chance, das Verlieren zu lernen, ohne gleich den eigenen Selbstwert zu verlieren.

So üben wir in einem Spiel, Strategien auszuklügeln, das Gedächtnis zu trainieren, logisch zu denken und kreativ zu sein, um Lösungen zu finden oder Geschicklichkeit zu entwickeln. Wir strengen uns an, versuchen Grenzen zu überschreiten, probieren, was es bringt, unfair oder unehrlich zu sein, und lernen Humor, das gegenseitige Bestärken und Trösten. Irgendwann wissen wir: Gemeinsam zu lachen ist viel schöner, als einsam und allein zu sein.

Gemeinsames Spiel braucht Raum und Zeit – zwei Begriffe, die in diesem Zusammenhang gleichbedeutend sind mit Freiraum und Freizeit. Termindruck, Hektik und die Konzentration auf völlig verschiedene

Aktivitäten zur gleichen Zeit haben beim Spielen keinen Platz.

Spielen heißt sich einlassen, mit Leib und Seele anwesend sein und es genießen. Beim Spielen können wir von Kindern lernen. Begeistert sind sie bei der Sache und haben Spaß an Spielen, die sie gerne und freiwillig spielen – keine Spiele, die ihnen aufgedrückt werden oder bei denen sie altersmäßig über- oder unterfordert sind.

Als Erwachsene müssen wir manchmal erst wieder lernen, richtig zu spielen. Brettspiele, Ratespiele, Strategiespiele, Kartenspiele – sie fördern und fordern auch noch im hohen Alter unsere Flexibilität und sind Gehirnjogging pur.

Meine Oma spielte mit 90 Jahren noch begeistert Rommé. Ich weiß nicht, wie viel Zeit wir mit ihr gemeinsam beim Romméspielen verbracht haben, doch ich habe diese Stunden geliebt. Wir haben viel gelacht, erzählt und Schokolade gegessen. Meine Oma und mein Opa waren bis ins hohe Alter geistig fit.

Das Spiel am Computer, und sei es pädagogisch noch so wertvoll, kann diese Geborgenheit, dieses Zugehörigkeitsgefühl und Angenommensein nicht vermitteln.

Computerspiele haben andere Funktionen, andere Qualitäten, doch sie fördern selten die Sozialkompetenzen des Menschen. Das gemeinsame Spielen am Tisch in der Runde oder in der Natur ist aus der Mode gekommen, vor allem bei vielen Erwachsenen. Beim Spielen entwickeln wir jedoch unsere Fähigkeiten, ob geistig oder körperlich, in einem Rahmen, der Spaß macht und verschiedene Sinne anspricht. Beim Spielen handeln wir ganzheitlich. Im Spiel finden wir den nötigen Freiraum, um uns auszuprobieren.

Spiele fördern die Konzentration, das strategische und logische Denken, die Flexibilität und die Kreativität. Die Neuronen unseres wunderbaren Gehirns sind aktiv, neue werden gebildet, und neue Verknüpfungen finden statt. Der Muskel Gehirn wird trainiert. In Stresszeiten und aktiven Lernphasen lockern wir mit den richtigen Spielen und Spielpartnern unsere geistigen Verspannungen und finden so einen wunderbaren Ausgleich zu dem entstandenen Stress.

Also: Spiel mal wieder!

Allerdings:
Glücksspiele und Wettspiele appellieren an andere Instinkte des Menschen. Sie sind hier nicht gemeint!

Intuition zulassen

Wie könnte man Intuition beschreiben? Wir wissen oder ahnen etwas, obwohl es uns niemand gesagt hat; Bilder tauchen auf; eine innere Stimme spricht mit uns.

Oder es ist das Gefühl für Wahrheit und Lüge, für falsch und richtig. Manchmal wissen wir im Voraus, was gleich passiert. Intuition beschreibt unser inneres, unbewusstes Wissen. Weil dieser sechste Sinn schwierig zu begründen ist, trauen wir uns meist nicht, darüber zu berichten oder ihn bewusst zu nutzen. Trotzdem existiert er.

Was passiert, wenn wir die Intuition nutzen? Wir nutzen unser eigenes Wissen, das im Unterbewusstsein schlummert. Manches ist aus unserem Gedächtnis verschwunden, wir haben es vergessen. Trotzdem ist alles, das wir gelesen, gesehen oder erfahren haben, noch in unserem Gehirn vorhanden. Es befindet sich im unbewussten Bereich unseres Gehirns.

Indem wir innere Bilder sehen oder unsere innere Stimme hören, taucht dieses Wissen wieder auf.

Wenn wir unsere Intuition nutzen, kann sie uns helfen, unsere Alltagsaufgaben leichter zu erledigen.

Inzwischen hat das Wissen um die Intuition des Menschen auch ins Management der Unternehmen Einzug gehalten. Es wurde gewissermaßen wiederentdeckt, denn gute Manager vertrauten seit jeher neben ihrem Fachwissen auf ihre Intuition. Herausragende Leute haben das schon immer getan, denn große Leistungen entstehen in der Regel nur auf der Basis von Intuition.

Es gibt viele Möglichkeiten, das Lernen aktiv zu gestalten, damit keine Langeweile aufkommt. Doch was ist, wenn ich einfach keine Lust habe zu lernen? Und schon sind wir beim nächsten Thema.

Keine Lust zu lernen

Verhaltensmuster kennen

Mitte der 80er-Jahre hielt die elektronische Datenverarbeitung (EDV) nach und nach Einzug in die Wirtschaftsunternehmen. Schon zu Beginn dieser Entwicklung begann ich mich für die neue Technologie zu interessieren. Ich fand es faszinierend, wie mühsame, monotone Verwaltungsabläufe von der elektronischen Datenverarbeitung, also vom Computer, durch das Aufstellen der richtigen Algorithmen und deren Umsetzung in ein Computerprogramm wesentlich schneller durchgeführt werden konnten und dabei gleichzeitig die Fehleranfälligkeit der einzelnen Prozesse wesentlich verringert wurde.

Als Algorithmen bezeichnet man den richtigen, zeitlich aufeinander aufbauenden Ablauf einer Handlung. Ein Beispiel: Um ein Spiegelei zu braten, stelle ich zuerst die Pfanne auf den Herd, schalte die betreffende Herdplatte ein, gebe etwas Fett in die Pfanne und schlage dann, wenn das Fett heiß ist, das Ei in die Pfanne. Ein falscher Ablauf wäre: Ich gebe das Ei auf den Herd, stelle die Pfanne darauf, schalte die Platte ein und tue dann das Fett in die Pfanne. Das Ergebnis wäre kein schönes, leicht braungebackenes Spiegelei, sondern ein verschmutzter Herd mit einem kaum mehr genießbaren Ei.

Die falsche Reihenfolge beim Ablauf von Tätigkeiten liefert ein falsches Ergebnis. Nach und nach wurden viele Arbeitsschritte des Alltags in Computerabläufe übertragen. Erforderlich für diesen Transfer ist das genaue Wissen über den Ablauf des Arbeitsvorganges und über die einzelnen Schritte, die der Computer durchführen muss, um diese Arbeit in der gewünschten Form durchzuführen.

Alles geschieht in vielen kleinen Teilschritten, die zusammen ein Ganzes ergeben (und von denen der Computerbenutzer nichts mehr sieht und deren er sich meist auch nicht bewusst ist).

Automatisierung von Arbeitsabläufen durch den Computer war eine große Errungenschaft. Wer schon einmal Löhne und Gehälter für 250 Personen nur mit Hilfe einer mechanischen Rechenmaschine berechnet, die Meldungen für die Krankenkassen und das Finanzamt erstellt und die dazugehörigen Lohnkonten geführt hat, weiß, dass diese Arbeiten meist mehrere Tage in Anspruch nahmen. Per Computer und entsprechender Software (Programme) kann die gleiche Arbeit nun in nur wenigen Stunden erledigt werden. Und das Schönste daran ist: Das lästige Suchen nach Fehlern entfällt, denn der Computer verrechnet sich nicht.

Ich arbeitete damals in der kaufmännischen Abteilung eines mittleren Industriebetriebes und betrachtete den Computer als eine große Errungenschaft. Es gab viel zu tun, und der Computer erleichterte die tägliche Arbeit. Doch dieses Gefühl teilten nicht alle Mitarbeiter des Unternehmens. Bei der Einführung des Computers in den verschiedenen Abteilungen gingen wir schrittweise vor. Zuerst wurde der Computer in der Finanzbuchhaltung und dann in der Lohnbuchhaltung eingesetzt. Es folgten Rechnungswesen und Textverarbeitung.

Da sich die Einführung des Computers in den kaufmännischen Abteilungen bewährt hatte, sollte nun auch die Abteilung Auftragsannahme auf EDV umgestellt werden. Eigentlich eine ganz einfache Umorganisation der Arbeitsweise. Telefonisch angenommene Fertigungsaufträge sollten nicht mehr nur handschriftlich notiert, sondern mittels Tastatur gleich am Computer in ein Auftragsbearbeitungsprogramm eingegeben werden. Dadurch wurde es möglich, die Aufträge auch in anderen Abteilungen des Betriebes, wie der Auftragsbearbeitung, der Fertigung und dem Lager, direkt am Bildschirm (Computer) weiterzubearbeiten. Ein Vorgang, wie er heute aus keinem Unternehmen mehr wegzudenken ist.

Damals waren solche Umstrukturierungen noch ungewohnt.

In dieser Zeit der EDV-Etablierung in ein mittelständisches Unternehmen wurde ich das erste Mal in meinem Leben mit einer massiven Angst vor Veränderung konfrontiert.

Kaum hatten meine Kolleginnen von der geplanten Umstellung erfahren, wurden Gerüchte verbreitet. Man erzählte sich, einige Arbeitsplätze dieser Abteilung sollten wegrationalisiert werden und es würde zu Entlassungen kommen. Alle Mitarbeiterinnen dieser Abteilung machten sich große Sorgen, wer wohl gehen müsse. Doch es war nur ein Gerücht.

Wenn doch jedem Mitarbeiter sein Arbeitsplatz zugesichert wurde: Warum machte sich in der Abteilung eine so negative Stimmung breit bezüglich der Umstellung auf Computer? Lange Zeit konnte ich das nicht verstehen.

Meine Aufgeschlossenheit für das Neue, dieses Gefühl, mit dabei zu sein, wenn eine neue Technologie in ein Unternehmen Einzug hält, ermöglichte es mir, die Veränderung als etwas Positives zu betrachten. Auch war ich mit den internen Vorgängen vertraut, denn ich kannte nun einmal die verschiedenen Entscheidungsaspekte im Unternehmen. Warum aber diese massiven Ängste meiner Kolleginnen?

„Angst hat man vor allen Dingen, die man nicht kennt", sagte ich mir. Was also tun? Um meine Kolleginnen bei der Umstellung auf das neue Verfahren zu unterstützen und ihnen ihre Angst vor dem Computer zu nehmen, begann ich in der Mittagspause und immer dann, wenn es sich zwischendurch ergab, Aufklärung zu betreiben. Ich machte sie mit den Grundlagen der EDV vertraut, zeigte ihnen, wie der Computer und das neue Programm funktionierten, und diskutierte mit ihnen darüber, was sich verändern würde.

Innerbetriebliche Schulungen waren in den 80er-Jahren in einem mittelständischen Unternehmen nicht unbedingt üblich. Deshalb hatte ich etliche Widerstände vonseiten der Geschäftsleitung zu überwinden, bevor mein Vorgehen akzeptiert wurde. Erst als mein Chef merkte, dass durch meine Aufklärungsarbeit wieder Frieden in die Abteilung einkehrte, konnte ich mir seiner wohlwollenden Zustimmung gewiss sein.

Angst vor Dingen, die einem fremd sind ... Wir alle kennen dieses Gefühl, und jeder von uns hat seine eigene Strategie, damit umzugehen.

Der eine geht zielstrebig auf die Sache zu, der andere zieht sich zurück und wartet ab, und der Dritte blockiert.

Wenn sich etwas verändert, wissen wir nicht, wie es sich auf unser Leben auswirkt.

Bringt es uns Vorteile oder Nachteile? Kann ich mich an die veränderte Situation anpassen oder fällt es mir schwer? Viele Fragen, die dazu führen, dass wir viel lieber am Alten festhalten als Neues ausprobieren.

Wir begegnen hier Verhaltensweisen, die uns oftmals nicht bewusst sind. Wir reagieren nach einem bestimmten Muster, das wir früher, vielleicht schon als Kind, erlernt haben. Kaum ein Erwachsener reflektiert noch über sein Verhalten, daher haben wir meist keinen Einfluss mehr darauf. So halten wir an alten Mustern fest, selbst wenn sie alles andere als förderlich sind und wir uns lieber von ihnen trennen sollten, weil sie unsere Weiterentwicklung behindern.

Die Verhaltensmuster sind zu Programmen geworden, die in uns automatisch ablaufen.

Sobald wir merken, dass wir uns gegen eine Veränderung sperren, die wir „vom Kopf her" als erforderlich erkannt haben, lohnt es sich, sich selbst zu beobachten. Welches Programm wirkt in uns, wenn wir mit Veränderungen umgehen sollen? Ist dieses Programm noch zeitgemäß? Ist es ein Programm, das uns in unserer Weiterentwicklung bremst?

Verhaltensmuster

- sind unbewusste, automatisch ablaufende Programme,
- werden meist schon in der Kindheit entwickelt,
- werden oft von einer Generation in die nächste weitergetragen,
- können die eigene Weiterentwicklung behindern und
- haben immer die positive Motivation, uns zu schützen und unser Überleben zu sichern, obwohl sie oft genau das Gegenteil bewirken.

Manchmal wissen wir nicht einmal genau, wovor wir Angst haben. Da ist nur ein unbestimmtes Gefühl. Dann ist es hilfreich, der Angst ins Gesicht zu schauen, sie zu erkennen, ihr einen Namen zu geben. Woher kommst du? Was willst du von mir?

Angst gehört zum Leben. Sie ist wichtig, denn sie warnt und schützt uns vor Gefahren. Doch manchmal gewinnt sie eine Größe, die uns handlungsunfähig macht. Wenn wir ihren Namen kennen, wenn wir wissen, weshalb wir Angst haben, kommen wir aus der Ohnmacht heraus und können Wege finden, mit ihr umzugehen.

Wenn Glaubenssätze hemmen

Es gibt bestimmte Sätze, die wir Menschen uns immer wieder suggerieren. Ähnlich wie die zu einem Programm gewordenen Verhaltensmuster, haben wir uns diese Sätze so oft vorgesagt, dass sie inzwischen ein Bestandteil unserer Persönlichkeit geworden sind. Das Fatale ist, dass wir im Alltag nicht einmal merken, dass es sie gibt und wie sie uns blockieren.

Man nennt diese Sätze Glaubenssätze, weil sie zu einem Teil des Selbstbildes geworden sind, denn wir glauben so zu sein, wie wir es uns in diesen Sätzen vorsagen.

Glaubenssätze

- wirken im Verborgenen,
- sind meistens sehr alt,
- führen oft zu einem falschen Selbstbild,
- verlieren durch das Bewusstwerden einen Teil ihrer Wirkung und
- sie lassen sich verändern.

Einer dieser Standardsätze heißt: „Du bist dumm!" Vielleicht hat diese Worte einmal ein Lehrer zu dir gesagt, weil er sich an diesem Tag über dich geärgert hat oder er einfach schlecht gelaunt war. Doch das Kind denkt seitdem: „Ich bin dumm!" Jahre später, das Kind ist längst erwachsen, denkt es immer noch: „Ich bin dumm! Ich kann das nicht, denn ich bin dumm!"

*„Ich bin" ist eine der am stärksten
wirkenden Formulierungen,
mit der wir uns selbst beeinflussen!*

Die Persönlichkeit des Menschen identifiziert sich mit dem „Ich bin" und wird alles versuchen, um so zu sein, wie es ihr das gedachte „Ich bin" vorschreibt.

Deshalb mein Rat: Gehe ab sofort mit diesen beiden Worten sehr, sehr sorgsam um!

Benutze die Worte „Ich bin" nur, um dich zu bestärken, und nie, um dich kleinzureden oder um dich zu schwächen!

Durch den falschen Gebrauch dieser Worte blockierst du dich, weil du dich kleiner und schwächer darstellst, als du in Wahrheit bist.

Es gibt weitere Sätze, die wir beharrlich wiederholen: „Ich kann nicht lernen!", „Lernen macht keinen Spaß!", „Ich bin ein mathematischer Typ!" und so weiter.

Wir haben diese Worte in Gedanken so oft wiederholt, und nun glauben wir, tatsächlich so zu sein, wie wir von uns denken. Aus diesem Grund nennt man diese Sätze ja Glaubenssätze. Mit dieser Einstellung im Kopf kann ich schlecht lernen. Wie sollte das auch funktionieren?

Welche Kraft die Gedanken haben, kannst du selbst ausprobieren: Schließe die Augen und denke an das Wort „Zitrone". Was geschieht mit dir, in deinem Mund, mit deinem Speichel? Ähnlich intensiv wirken sich destruktive Gedanken über dich selbst in deinem Körper aus.

„Wenn ich immer nur das tue, was ich schon immer getan habe, bekomme ich auch immer nur das, was ich schon immer bekommen habe!", sagt ein Sprichwort.

Reicht dir das aus? Wenn du das Gefühl hast, solche falschen Glaubenssätze behindern dich, dann beobachte einmal deine Gedanken. Notiere die Sätze, die du dir immer wieder vorsagst, und dann begib dich auf Ursachenforschung. Woher kommt dieser Gedanke? Wer hat diese Worte zu dir gesagt? Warum hat er es gesagt? Bist du wirklich so?

Nur du selbst entscheidest, wie du bist oder nicht, und nur du selbst kannst an deiner Einstellung zu dir etwas ändern.

Wer schreibt dir vor, wie du zu sein hast? Nur du selbst kannst prüfen, ob deine Gedanken vielleicht an alten Mustern festhängen. Nur du kannst bestimmen: Dieses Muster will ich ablegen, denn ich weiß, ich bin anders.

Die Erfahrung mit meinen Kolleginnen war für mich ein Schlüsselerlebnis. Kurze Zeit später begann ich EDV-Schulungen zu geben. Schnell erkannte ich: Frauen lernen anders als Männer.

Frauen, die sich mit der EDV-Technik beschäftigen, brauchen einen anderen Zugang zum EDV-Wissen als Männer, damit es ihnen Spaß macht.

Während Männer lernen, indem sie sehr viel ausprobieren und neugierig mit dem Computer herumspielen, benötigen Frauen einen Sinn, einen praktischen Nutzen, um sich Technisches zu erschließen. Es reicht nicht aus, ihnen eine Einweisung in ein Textverarbeitungsprogramm anzubieten. Sie wollen wissen, wie sie die erlernten Kenntnisse und Fertigkeiten praktisch in ihrem Berufsalltag umsetzen können. Erst wenn sie diese Vorteile erkannt haben, haben sie Freude daran, sich mit den Computerprogrammen auseinander zu setzen.

Ich versuchte, das unterschiedliche Lernverhalten in meinen Kursen zu berücksichtigen. Trotzdem machte sich in mir immer wieder dieses Gefühl bemerkbar, irgendetwas stimme noch nicht. Sollte es an meiner Person oder an meiner mangelnden pädagogischen Ausbildung liegen? Um der Sache auf den Grund zu gehen, begann ich mich mit verschiedenen Lehr- und Lernmethoden zu beschäftigen.

Familienspiele

Die Unstimmigkeiten lagen nicht an der Art meines Unterrichts, durfte ich bald darauf erleichtert feststellen. Das Problem hatte vielmehr mit der Persönlichkeit des Lernenden zu tun. Wie viel und was er von meinem Unterrichtsangebot mitnehmen konnte, hing stark mit seiner persönlichen Einstellung zum Lernen, seiner Tageskondition und seinen psychosozialen Rahmenbedingungen zusammen.

Ich machte die Erfahrung: Neben der Angst vor Veränderung und einem falschen Selbstbild können alte Familienmuster einen Menschen beim Lernen behindern.

Familienspiele

- In jeder Familie gibt es Glaubenssätze, die von einer Generation in die nächste weitergegeben werden.
- Auch diese Glaubenssätze wirken im Verborgenen und sind nicht bewusst.
- Außenstehenden fällt es leichter, solche Familienspiele zu erkennen, weil sie meist Beobachter sind und nicht in die Spiele eingebunden.
- Durch das Erkennen der zugrundeliegenden Strategien können viele dieser Spiele beendet werden.

Ein Sprichwort sagt: „Der Apfel fällt nicht weit vom Stamm." In Umkehrung des Sprichwortes: „Was Hänschen nicht lernt, lernt Hans nimmermehr", könnte man auch sagen: „Was Hans nicht lernt, lernt Hänschen nimmermehr."

Erkennst du den Sinn hinter diesen Worten? Wenn meine Eltern nicht gut lernen konnten, kann ich auch nicht gut lernen. Innerlich habe ich beschlossen, dass ich nicht erfolgreicher sein will als meine Eltern.

Oder, manche Eltern möchten nicht, dass ihre Kinder erfolgreicher sind als sie selbst, doch dieser Umstand ist ihnen nicht bewusst – wäre er ihnen bewusst, würden sie vermutlich über sich erschrecken.

Eltern wünschen sich das Beste für ihre Kinder. Doch manchmal hängen sie selbst in einem alten Familienspiel fest und geben unbewusst ein Muster weiter. Nur wenige kennen diese Vorstellungen ihrer

Eltern. Jedenfalls fühlen wir uns auf einer unbewussten Ebene an die Vorstellungen unserer Eltern gebunden. Was heißt gebunden? Wir fühlen uns ihnen gegenüber verpflichtet.

Ein Beispiel: Wenn meine Mutter in ihrem Unterbewusstsein die Vorstellung von mir hatte: „Welch ein niedliches Mädchen – meine Tochter wird ihren Weg gehen, wie alle Frauen unserer Familie", dann möchte ich unbewusst das liebe Kind sein und ihr diesen Wunsch erfüllen: Es kann passieren, dass ich nicht erfolgreich in einem männlich orientierten Berufsfeld arbeiten kann, weil ich unbewusst versuche, dem Bild meiner Mutter gerecht zu werden, das da sagt: „Alle Frauen unserer Familie sind Hausfrauen und Mütter." Es entstehen Konfliktsituationen im Alltag, von denen ich nicht einmal weiß, woher sie rühren.

Familien prägen die Kinder. Kinder wollen instinktiv so sein, wie die Eltern sie haben möchten.

Alle Kinder verhalten sich instinktiv so, weil sie dann Zuwendung und Liebe bekommen, die sie so dringend benötigen. Jedes Kind möchte von seinen Eltern geliebt werden.

Natürlich sind die Verhaltensstrukturen innerhalb der Familien wesentlich komplizierter, und doch führt das Ringen um die Aufmerksamkeit der Eltern immer wieder zu einem angepassten Verhalten.

Als brave Tochter versuche ich also so zu sein, wie meine Mutter es sich unbewusst wünscht. Damit spiele ich ein Spiel. Ich spiele ihr Spiel! Nur leider weiß ich nicht, dass ich dieses Spiel spiele. Darum spiele ich es immer weiter und weiter und wundere mich, warum ich manches nicht so machen oder lernen kann, wie ich es möchte.

Solche Familienspiele lassen sich aufdecken. Systemisches Familienstellen, eine psychologische Beratung oder die Kinesiologie mit ihren Stressablösungen sind Methoden, um diese Rollen aufzudecken und zu beenden. Wenn der Verdacht besteht, in ein Familienspiel eingebunden zu sein, oder wenn uns etwas daran hindert, Neues zu erlernen und dem Lernen an sich offen gegenüberzustehen, dann spricht vieles dafür, diese Möglichkeiten in die Selbstreflektion einzubeziehen und sich von einem ausgebildeten Therapeuten beraten zu lassen.

Glaubenssätze, die wir antrainiert haben und die uns weiterhin behindern, lassen sich auflösen.

Doch es gibt Sätze, die ihre hemmende Wirkung behalten, obwohl wir sie aufgedeckt und versucht haben, sie durch positive Affirmationen auszutauschen. Die wahren Ursachen hinter diesen Sätzen sind oftmals vielfältig und manchmal sehr überraschend. Ein Aufdecken und eine Richtigstellung sind für die persönliche Entwicklung auf jeden Fall hilfreich.

Angst vor Veränderung, falsche Glaubenssätze und Familienspiele können Lernblockaden verursachen, die uns daran hindern, unbefangen zu lernen. Zwischen dem Lernstoff und uns scheint es eine Wand zu geben, und wir fühlen uns nicht in der Lage, sie zu durchbrechen. Glücklicherweise gibt es Methoden, um diese Blockaden aufzulösen.

Jegliche Form von Angst und Druck löst im menschlichen Körper Stressalarm aus.

In hochgradigen Stresssituationen können Informationen im Gehirn schlecht oder überhaupt nicht weitergeleitet werden. Es kommt zu Denkblockaden. Nichts ist also besser, als jegliche Form von Angst und Stress zu vermeiden. Manchmal produzieren wir einen Teil unseres Druckes selber – Grund genug, sich zu hinterfragen und den Ursachen auf die Spur zu kommen.

Ich erlaube mir!

Tag für Tag holen wir uns unbewusst die Erlaubnis unserer Mitmenschen ein, Dinge zu tun, die wir tun möchten.

Um mit unserer Gesellschaft konform zu gehen, haben wir Verhaltensweisen trainiert, die uns befähigen sollen, es allen recht zu machen.

Gerade wir Frauen sind besonders darum bemüht, dass es allen anderen gut geht. Leider verführt dieses Verhalten manchmal dazu, dass wir uns insgeheim wie Kinder benehmen, ohne es zu bemerken.

Wir tun so, als könnten wir nur etwas tun, wenn wir die Erlaubnis dafür bekommen. Wir fragen Eltern, Lehrer, Politiker ... Dabei vergessen wir, dass wir uns in erster Linie selbst die Erlaubnis geben sollten, das zu tun, was wir wollen.

„Ich erlaube es mir", denn niemand anders kann es mir erlauben! Wenn ich mir die Erlaubnis gebe, kann ich handeln.

„Ich erlaube mir, leicht und mühelos zu lernen!"
„Ich erlaube mir, Spaß beim Lernen zu haben!"

Wie fühlst du dich, wenn du diesen Satz ausprichst?
Für mich ist das ein unbeschreiblich gutes Gefühl.

Leichter lernen

Mitte der 90er-Jahre war ich immer noch auf der Suche nach besseren Lernmethoden. Eines Tages wurde ein Seminar „Besser lernen durch Brain-Gym®" angeboten. Der Titel hörte sich sehr vielversprechend an. Darum meldete ich mich, neugierig wie ich war, zu diesem Seminar an. Was mochte mich wohl erwarten?

Um es vorwegzunehmen: Es war vollkommen anders als alle anderen Seminare und Lehrveranstaltungen, die ich bis zu diesem Zeitpunkt besucht hatte. Es war das erste Seminar, bei dem ich nicht nur zuhörte, sondern aktiv werden musste. Schon der Beginn schockierte mich, denn die Kursteilnehmer saßen während des gesamten Seminars auf dem Fußboden. Für Schreibmaterial war kein Platz. Wir mussten uns bewegen, um verstehen zu können, was geschah und warum es geschah.

Zu Beginn des Seminars zweifelte ich sehr daran, ob ich wirklich im richtigen Kurs gelandet war. Doch ich hatte das Seminar bezahlt, also beschloss ich, mir die Sache in aller Ruhe anzuschauen.

Um zu erklären, was Brain-Gym® ist und was es bewirkt, muss ich ein wenig ausholen:

Zwei Gehirnhälften – ein perfektes Team

Lernen ist ein ganzheitlicher Prozess. Am Lernen sind zwar alle Körperteile beteiligt, aber verarbeitet, verwaltet und gespeichert wird unser Wissen im Gehirn.

Das Gehirn? Es ist nicht ganz korrekt, von „dem" Gehirn zu sprechen, denn eigentlich sind es drei Gehirne. Im Laufe der Evolution wurden die Aufgaben des Gehirns immer komplexer. Statt ein neues Gehirn zu erschaffen, wurde an das alte immer weiter angestockt, ähnlich wie bei einem Gebäude: Altbau, Neubau 1 und Neubau 2. Alle drei „Gebäude" sind zu einem Komplex verbunden und arbeiten zusammen.

Der älteste Teil des Gehirns ist das Stammhirn, auch Reptiliengehirn genannt. Es ist hauptsächlich für das Überleben und die Urinstinkte zuständig. Seine Stärke ist das Handeln. Dieser Teil des Gehirns steht für die Verbundenheit mit dem Kollektiv. In ihm sind unsere Urreflexe beheimatet.

Das Limbische System ist deutlich jünger. Es ist sowohl für Emotionen als auch für die interne Biografie, die Lebenserfahrung, zuständig. Es wird auch Säugetiergehirn genannt. Hier lagert unsere Verbundenheit mit den Gruppen, den Familien usw.

Der jüngste Teil des Gehirns ist das Großhirn, der Neokortex. Der Neokortex beherbergt alle Erinnerungen, Ziele, Träume, Vorstellungen, Hoffnungen und Befürchtungen und ist zum Beispiel auch für das dreidimensionale Sehen zuständig. Mit dem Entstehen dieses Teils unseres Gehirns entwickelte sich das Ich, die individuelle Persönlichkeit.

Alle drei Teile sind miteinander verwoben und arbeiten hervorragend zusammen. Kein Teil ist wichtiger als der andere. Das Großhirn besteht aus zwei Hälften, den Hemisphären. Die beiden Gehirnhälften sind durch den Corpus callosum – die Brücke oder den Balken – verbunden: Er sorgt dafür, dass alle Informationen, die von der einen Gehirnhälfte behandelt und bearbeitet werden, die andere Gehirnhälfte erreichen. Unzählige Verbindungen gewähren einen perfekt funktionierenden Informationsaustausch.

Jede der beiden Gehirnhälften hat unterschiedliche Aufgaben. So steuert die linke Gehirnhälfte motorisch die rechte Körperseite und die rechte Gehirnhälfte die linke Körperseite. Wenn beide Gehirnhälften zusammenarbeiten, ergeben sie ein perfektes Team. Für das Lernen ist dieses „Teamwork" unverzichtbar.

Sehen wir uns deshalb an, welche Aufgaben die einzelnen Gehirnhälften haben:

Die rechte Gehirnhälfte ist für künstlerische und intuitive Tätigkeiten sowie für die Raumorientierung zuständig. Sie verarbeitet die Informationen ohne Bewertung und ohne Begrenzung. Folgende Begriffe lassen sich ihr zuordnen: kreativ, räumlich, ganzheitlich, unbeschränkte Wahrnehmung, keine Zeitgrenzen, unparteiisch. Ihre Sprache sind die Bilder, die Farben und die Symbole. Zu ihr gehört der Rhythmus, die Musik.

Die linke Gehirnhälfte ist hauptsächlich für unser analytisches Denken und für die verbale Aktivität verantwortlich. Sie verarbeitet Informationen nacheinander und zerlegt sie in kleinste Teilchen. Ihre Begriffe: analytisch, linear, Einzelheiten, überleben, zeitorientiert, Selbstbild, parteiisch, Glaubenssystem. Ihre Sprache ist das gesprochene und geschriebene Wort.

Wenn beide Gehirnhälften harmonisch aufeinander abgestimmt sind, können wir nicht nur kreativ sein, sondern wir meistern gleichzeitig unsere täglichen Routineaufgaben und nehmen darüber hinaus noch andere Möglichkeiten wahr. In dem Moment, in dem beide Gehirnhälften perfekt zusammenarbeiten, sind wir voll bewusst.

Manchmal erleben wir diesen Glücksmoment, aber leider viel zu selten. Da uns in einem bewussten Zustand ganz andere Gehirnkapazitäten zur Verfügung stehen, als wenn wir nur einen Teil unseres Gehirns nutzen, liegt es nahe zu überlegen, wie die Zusammenarbeit der beiden Gehirnhälften unterstützt und gefördert werden kann.

Schauen wir uns kurz an, was passieren kann, wenn ein Mensch rechtsdominant, das heißt, wenn sein Leben hauptsächlich von der rechten Gehirnhälfte gesteuert wird: Rechtsdominante Menschen reagieren bei zu großem Druck und Stress mit Wirklichkeitsflucht (Depression, Flucht in eine Krankheit usw.). Sie sind nicht in der Lage, Auswege – also Lösungen –, die sie in einen ausgeglichenen Zustand führen, zu finden und zu leben. Sie schaffen es nicht, weil ihnen die Möglichkeiten der analytischen linken Gehirnhälfte nicht immer zugänglich sind.

Menschen, die ihr Leben und ihren Alltag hauptsächlich von der linken Gehirnhälfte gesteuert organisieren, also linksdominante Menschen, sind nicht unbedingt glücklicher. Linksdominante Menschen können zwar auch unter beträchtlichen nervlichen und seelischen Belastungen arbeiten. Sie „versuchen" damit fertig zu werden. Aber sie befinden sich dann in einem intellektuellen Kampf mit der Umwelt. Alles Gefühlsmäßige ist stark reduziert. Ihnen fehlt der Zugang zur Intuition. Die Möglichkeiten der rechten Gehirnhälfte sind ihnen oft verschlossen. Auch ein linksdominanter Mensch ist sich seiner Möglichkeiten nicht voll bewusst, weil er einen wichtigen Teil seines Gehirns nicht oder eher selten nutzen kann.

Ich erinnere mich, wie sehr ich früher rational denkende Menschen bewundert habe. Sie schienen für alles eine Lösung zu wissen, konnten alles logisch erklären. Unsere Umwelt legt es darauf an, lauter rational denkende Menschen heranzuziehen, und wundert sich dann, wenn ein ganz wichtiger Aspekt unseres Lebens, der mit Mitgefühl und intuitivem Wissen verknüpft ist, verloren geht. Und doch sind wir als Menschen nur „eins" mit uns selbst, wenn wir unser ganzes Potential nutzen.

Deshalb hier noch einmal die unterschiedlichen Wahrnehmungsweisen der zwei Gehirnhälften:

links	*rechts*
sucht Strukturen	selbstbestimmt
urteilt – richtig oder falsch	eigene, von außen nicht erkennbare Ordnung
sucht Unterschiede	offene und tolerante Haltung
benötigt und erkennt Grenzen	
	sucht Gemeinsamkeiten
zeit-/zweckorientiert	undeutliche Grenzwahr-

liebt Zahlen, Formeln, Listen	nehmung raumorientiert
kritisiert, argumentiert	erkennt Melodien nach wenigen Tönen, Menschen an Gesten, an Gesichtern
arbeitet vor allem mit Sprache, Rechnen und Schreiben	
strukturiert und plant überlegtes Handeln	orientiert sich an Erfahrungen und Gefühlen
analysiert	zeichnet und malt
geht ins Detail	impulsiv, spontan
	handelt intuitiv
	fasst zusammen
	erfasst das Ganze und Zusammenhänge

Diese unterschiedlichen Erkenntnis- und Vorgehensweisen schließen sich nicht gegenseitig aus, sondern ergänzen sich.

Albert Einstein sagt man nach, er sei ein unzugänglicher, schwerfälliger Schüler gewesen. Er entdeckte die Relativitätstheorie auf folgende Weise: Eines Tages, als er auf dem Rücken lag und versunken beobachtete, wie das Sonnenlicht durch seine Wimpern gefiltert wurde, fragte er sich, wie es wohl wäre, auf einem Sonnenstrahl zu reisen. Er ließ seinen Verstand durch diese Bildvorstellung wandern und wusste plötzlich genau, was vor sich gehen würde. Diese kreative Einsicht ermöglichte es ihm, seine Theorie zu vervollständigen, die ihn so berühmt machte. Man behauptet, Einstein gehörte zu den Männern, die bewusst beide Gehirnhälften gleichzeitig einsetzen konnten. Seine Ideen bekam er zuerst als visuelle Bilder, die er dann in Worte und mathematische Gleichungen übersetzte. Er ließ diese Informationen zwischen den Gehirnhälften durch den Corpus callosum, dieses Bündel von Nervensträngen, das die zwei Gehirnhälften miteinander verbindet, hin und her wandern. Es heißt, seiner Meinung nach sei der wichtigste Aspekt der Intelligenz die Fähigkeit, Bildvorstellungen zusammen mit den Informationen, die uns bekannt sind, zu nutzen.

Am Lernprozess sind beide Gehirnhälften beteiligt. Arbeiten sie gut zusammen, ist ein leichtes Lernen möglich. Oftmals ist jedoch eine der Gehirnhälften blockiert oder schaltet ab, das heißt, wir haben während des Lernens keinen Zugriff auf ihre Kapazitäten.

Vergleichen wir es mit einem Ballspiel zu zweit: Spielt einer der beiden Spielpartner allein mit dem Ball, steht der andere da und langweilt sich. Das Gehirn funktioniert ähnlich.

Wie kann festgestellt werden, ob die beiden Gehirnhälften zusammenarbeiten? Woran erkenne ich, dass eine Gehirnhälfte abgeschaltet ist?

„Ich verstehe nicht, was ich lese", oder: „Mir fällt es schwer, logische Vorgänge nachzuvollziehen." Zwei typische Beispiele dafür, dass die linke Gehirnhälfte abgeschaltet ist.

Typische Lernprobleme, wenn die rechte Gehirnhälfte nicht genügend genutzt wird, sind: „Ich habe Schwierigkeiten mit der räumlichen Wahrnehmung." – „Ich bleibe im Detail stecken und sehe die Zusammenhänge nicht", oder: „Ich nehme Gefühle nicht wahr."

Manchmal treten auch Probleme beim Zusammenspiel der beiden Gehirnhälften auf. Die Brücke (Corpus callosum) ist für deren Koordination zuständig. „Ich habe zwei Männchen im Kopf, die miteinander streiten." – „Ich habe Mühe, mich zu erinnern." – „Ich kann mich schlecht entscheiden!" Drei typische Sätze, wenn ein Problem mit der Koordination der beiden Gehirnhälften vorliegt.

Hast du dich wiedererkannt? Stellst du solche oder ähnlich Symptome auch bei dir fest? Hast du vielleicht immer, wenn dieser Gedanke in dir auftauchte, gedacht: „Ich wusste es doch, ich kann einfach nicht richtig lernen"?
Wie du siehst, liegt die Ursache woanders. Und wie heißt es so schön: „Problem erkannt – Problem gebannt." Wer bereit ist, etwas für die gute Zusammenarbeit seiner beiden Gehirnhälften zu tun, dem stehen für das Lernen zusätzliche Kapazitäten zur Verfügung.
Die Tätigkeit und die Koordination der beiden Gehirnhälften müssen ständig angeregt werden, denn ähnlich wie unsere Muskulatur werden sie vom Nichtstun schlapp.

Brain- Gym®

Die linke Gehirnhälfte ist für die rechte Hälfte des Körpers zuständig, und die rechte Gehirnhälfte steuert motorisch die linke Seite des Körpers.
Dieses System lässt sich auch umkehren: Trainieren wir die rechte Seite unseres Körpers, fördern wir gleichzeitig die linke Seite des Gehirns – und umgekehrt. Wichtig ist es vor allem, die Koordination der

beiden Gehirnhälften zu verbessern, denn oftmals ist sie blockiert oder verkümmert. Durch das möglichst häufige Überschreiten der „Grenzlinie" wird die Koordination gestärkt und verbessert.

Brain-Gym® – wörtlich: Gehirngymnastik – ist der Name für eine Reihe einfacher und leichter Bewegungsübungen und Aktivitäten zum Auflösen von Lernblockaden. Es sind Übungen, die von Menschen aller Altersstufen leicht angewandt werden können. Sie erleichtern das Lernen ganz allgemein und sind besonders wirksam im schulischen Alltag.

Brain-Gym®-Übungen sind körperliche Übungen

- die leicht zu lernen und leicht auszuführen sind,
- die die Zusammenarbeit der beiden Gehirnhälften anregen,
- die den Informationsfluss zwischen der linken und der rechten Gehirnhälfte verbessern,
- die zur Stressablösung dienen können und
- die zur körperlichen und geistigen Beweglichkeit beitragen.

Ich habe diese Übungen oft eingesetzt, wenn meine Tochter genervt vom morgendlichen Schulstress nachmittags noch Hausaufgaben machen sollte. Eigentlich war sie dazu nicht mehr in der Lage, denn ihr Konzentrationsvermögen lag bei null.

Einige Überkreuzübungen halfen ihr, frischer und entspannter an die Hausaufgaben heranzugehen. Die regelmäßige Anwendung dieser Übungen führte sogar dazu, dass sie irgendwann ihre Hausaufgaben erledigen konnte, ohne dass es noch zu den gewohnten Stressattacken kam.

Während meines Weiterbildungsstudiums nutzte ich diese Übungen gern, um mich auf das Lernen einzustimmen. Nach einem angespannten Arbeitstag war ich abends, wenn ich endlich die Ruhe hatte und mich dem Lernen widmen konnte, müde und abgespannt. Durch diese kleinen Übungen gelang es mir, mich besser zu konzentrieren.

Brain-Gym®-Übungen bilden das Herzstück der Educational Kinesiology (Edu-Kinestetik), einer von Paul E. Dennison entwickelten Methodik, die Lernenden dazu verhilft, durch bestimmte Bewegungen und Berührungen die im Körper verborgenen Potentiale und Fähigkeiten „herauszuholen" und jederzeit verfügbar zu machen.

Hier einige Übungen, die mir besonders gut gefallen:

Überkreuzbewegungen
Aufrecht stehen, den rechten Ellbogen und das linke Knie langsam und bewusst vor dem Körper zusammenführen, dann den linken Ellbogen und das rechte Knie zusammenbringen. Mindestens zehnmal wiederholen.

Aufrecht stehen, den rechten gestreckten Arm seitwärts nach oben bewegen und gleichzeitig das linke Bein zur Seite ausstrecken, dann den linken Arm und das rechte Bein. Mindestens zehnmal wiederholen.

Liegende Acht
Das Zeichnen der liegenden Acht (Unendlichkeit-Symbol) befähigt dich, die visuelle Mittellinie ohne Unterbrechung oder Stockung zu kreuzen. Die Übung aktiviert das rechte und das linke Auge und verbessert dadurch die Balance und die Koordination der beiden Gehirnhälften. Die Acht wird abwechselnd mit dem linken Daumen, dann mit dem rechten Daumen sowie zum Schluss mit beiden Händen gleichzeitig in die Luft gemalt. Die liegende Acht hat links und rechts vom Mittelpunkt je eine Kreisform, die durch eine ununterbrochene Linie miteinander verbunden sind. Ein in Augenhöhe liegender Punkt bildet den Mittelpunkt. Man beginnt mit der linken Hand beim Mittelpunkt und fährt gegen den Uhrzeigersinn aufwärts zur linken Seite. Der Kopf bleibt geradeaus gerichtet, doch die Augen folgen stets dem Daumen.

Die Übungen lassen sich spielerisch, vielleicht mit etwas Musik, ganz leicht durchführen.

Der kinesiologische Muskeltest war eine weitere für mich sehr beeindruckende Neuheit, die ich in dem Brain-Gym®-Seminar kennen lernte.

Alles Wissen über uns persönlich ist in unseren Zellen, in unseren Muskeln – also nicht nur im Gehirn – gespeichert. Kinesiologie ist eine Wissenschaft, die sich diese Eigenschaft zunutze macht. Anhand bestimmter Muskeln wird getestet, wo eine Störung vorliegt, die dann ausbalanciert werden kann, um das Gleichgewicht wiederherzustellen.

Angewandte Kinesiologie bedeutet, dass wir die Informationen, die uns die Muskeln über Geist und Körper liefern, in unsere Arbeit integrieren und diese dadurch erleichtern. Mit anderen Worten: Mittels Muskeltest kann ich meinen Körper befragen, ob ihm etwas guttut oder nicht.

Dieses Abfragen per Muskeltest stellte mir ein Werkzeug zur Verfügung, das es mir erlaubte, meinen Körper und den Stress, den ich mit ihm und meinen Lernerfahrungen hatte, kennen zu lernen. Nicht nur dies – mittels der Brain-Gym®-Übungen konnte ich diesen Stress bzw. die Blockaden auflösen. Durch einen weiteren Muskeltest war es möglich, das Ergebnis zu kontrollieren. So konnte ich am eigenen Körper die Veränderung erfahren und mit eigenen Augen sehen, wie sich etwas veränderte.

Am Ende des Brain-Gym®-Seminars führte die Kursleiterin eine Visualisierung mit uns durch. Jeder sollte sein Gehirn visualisieren. Die Ergebnisse waren für mich sehr überraschend. Ein Teilnehmer sah ein Haus mit vielen Räumen, ein anderer einen Garten mit einer Brücke. Ich war sehr enttäuscht, denn ich sah nur einen Reißverschluss. Auf die Nachfrage der Kursleiterin war es mir unangenehm, von meinem Bild zu sprechen. Doch sie lachte: „Das ist doch perfekt, absolut perfekt. Ein Reißverschluss symbolisiert auf sehr anschauliche Weise die gelungene Zusammenarbeit zwischen den beiden Gehirnhälften."

Frühkindliche Reflexe

Im Rahmen einer Auseinandersetzung mit Kinesiologie stieß ich auf einen Fachartikel der Diplom-Sozialpädagogin Dorothea Beigel zum Thema „Die Auswirkung persistierender frühkindlicher Reflexe auf Wahrnehmen, Bewegen, Lernen und Verhalten":
„Der Mensch wird, um zu überleben und um auf die Umwelt adäquat zu reagieren, schon vorgeburtlich mit sogenannten frühkindlichen oder primitiven Reflexen ausgestattet. Jeder dieser Reflexe ist in der normalen Entwicklung eines Menschen vorgesehen und erfüllt seine Aufgabe zu ganz bestimmten Zeitpunkten.

Es sind stereotype, automatische Bewegungen, die vom Hirnstamm gelenkt werden und ohne Beteiligung des Cortex ausgeführt werden. Hat ein Reflex seine Aufgabe in einem bestimmten zeitlichen Rahmen erfüllt, so wird er zugunsten von Bewegungsmöglichkeiten, die auf höherer Ebene der Gehirnentwicklung stattfinden, abgebaut und integriert. Bleiben frühkindliche Reflexe nach dem 12. Lebensmonat noch aktiv, so deutet dies auf eine Unreife des Zentralnervensystems hin ..."

Frühkindliche Reflexe

- sind aufeinander aufbauende Entwicklungsabschnitte bei der biologischen Entwicklung des Menschen,
- werden bei einer gesunden Entwicklung zurückgebildet oder integriert und

- können bei einer gestörten Entwicklung zu Lernschwierigkeiten führen.

So erfuhr ich zu meinem großen Erstaunen, dass es zu Lernbeeinträchtigungen führen kann, wenn diese frühkindlichen Reflexe nicht entwicklungsbedingt abgebaut oder integriert werden.

Durch die anthroposophische Entwicklungslehre weiß ich, wie wichtig eine altersgerechte Entwicklung bei Kleinkindern ist und wie wenig sinnvoll es ist, Kindern etwas abzufordern, wenn sich ihre Sinne noch nicht entsprechend entwickelt haben. Daher klingt es für mich logisch, dass es zu Behinderung beim Lernen kommen kann, wenn sich bestimmte Reflexe nicht vollständig ausgebildet oder zurückentwickelt haben.

Als sehr interessant stellte sich für mich deshalb ein Vortrag einer Logopädin heraus, die den Zuhörern anschaulich demonstrierte, wie sie Sprachstörungen bei Schulkindern, die auf nicht abgeschlossenen Entwicklungsschritten beruhten, mit Bewegungsübungen behandelte – und das mit großem Erfolg.

Nach diesem Vortrag war mir unter anderem klar, wie wichtig genügend körperliche Bewegung für den Aufbau der Muskulatur ist.

Ist die Muskulatur eines Kindes oder eines Erwachsenen nicht trainiert, fällt bereits das Sitzen schwer. Die Aufmerksamkeit des Lernenden gilt dann nicht wie gewünscht dem Lernstoff, sondern immer wieder dem eigenen Körper. Die Person ist ständig damit beschäftigt, eine bequeme, nicht schmerzende Sitzposition für sich zu finden, sodass die Konzentration auf den Lernstoff schwerfällt.

Um Genaueres zu erfahren, forschte ich, was frühkindliche Reflexe sind. Das Institut für Angewandte Kinesiologie GmbH beschreibt es so: „Frühkindliche Reflexe sind automatische, immer gleich ablaufende motorische Reaktionen, die von Hirnstamm und Rückenmark ausgehen. Jeder Mensch wird mit einem Set von frühkindlichen Reflexen geboren, die dem Überleben dienen. Mit fortschreitender Gehirnentwicklung entwickelt sich die Willkürmotorik. Dazu müssen die frühkindlichen Reflexe gehemmt bzw. integriert und in die so genannten Haltungsreflexe überführt werden, die ein Leben lang benötigt werden.

Normalerweise verläuft dieser Entwicklungsprozess innerhalb des ersten (bis vierten) Jahres. Während des Prozesses der Reflexintegration erlernt das Kind z. B. die differenzierte Willkürmotorik sowie die umfassende neurologische Informationsverarbeitung im Gehirn.

Bei einer nicht vollständig abgeschlossenen Reflexintegration bleiben Restreaktionen der frühkindlichen Reflexe bestehen und wirken sich z. B. erschwerend auf die Entwicklung der Hand-Augen-Koordination, der visuellen und auditiven Wahrnehmungsverarbeitung, der Konzentration, Sitzhaltung, Haltungskontrolle und Orientierung sowie auf die Sprache der sozialen und emotionalen Kompetenz aus."

Bei der kindlichen Entwicklung bezieht man die Möglichkeit einer fehlenden Reflexintegration im Rahmen der Behandlung von Lernstörungen mit ein. Doch wie ist es bei den Erwachsenen? Wie geht man mit solchen nicht abgeschlossenen Entwicklungsfragmenten bei erwachsenen Menschen um? Logischerweise müssten nicht abgeschlossene frühkindliche Reflexentwicklungen auch bei Erwachsenen zu Lernschwierigkeiten führen. So ist es auch – doch auch hier gibt es Hilfe.

Die Gehirnforschung zeigt uns anhand vieler interessanter Forschungsergebnisse, wie Gehirnaktivitäten durch Bewegung auf andere Gehirnareale verlagert werden können, wenn ein Gehirnbereich ausfällt, zum Beispiel nach einem Schlaganfall oder einer Tumorentfernung. Durch ein gezieltes Bewegungstraining werden neue Nervenverknüpfungen im Gehirn aufgebaut und neue Gehirnareale aktiviert, die dann die Aufgaben der ausgefallenen Areale übernehmen.

Und durch gezielte Bewegungsübungen können nicht abgeschlossene Reflexentwicklungen behandelt werden. Dieses gezielte Trainieren führt zur Auflösung der Entwicklungsverzögerungen. Nicht bestehende Neuronenverbindungen werden neu geknüpft mit dem Ergebnis, dass die Person in sich neue Potentiale entdecken und entwickeln kann.

Wieder einmal zeigt sich: „Eine gesunde Entwicklung ist nur möglich, wenn ein Entwicklungsschritt beendet ist und der nächste auf dem abgeschlossenen aufbauen kann."

Diese spezielle Behandlung zur Reflexintegration sollte nur von ausgebildeten Therapeuten vorgenommen werden!

In ihrem Artikel „Verblüffend anpassungsfähig: Das menschliche Gehirn" (Psychologie heute 1/2003) zitiert Ingrid Glomp: „In der Öffentlichkeit wird propagiert, dass die Struktur des Gehirns unmittelbar aufgrund genetischer Anweisungen entsteht. Das ist aber nicht so. Das Gehirn wächst und entwickelt sich als Reaktion auf die Erfahrungen der jeweiligen Person." (Jonathan Marks) Und sie beschreibt, dass das Gehirn viel flexibler ist, als man glaubt. Im Wechselspiel mit der Umwelt verändert es ständig seine Struktur. Jede Lernerfahrung formt das Gehirn. Es bleibt plastisch bis ins Alter.

Bewegung ist für das Gehirn das A und O, denn die Erfahrung der Bewegung im Raum fördert das räumliche Denken und das Abstraktionsvermögen.

Bringe ich die Bereiche – nicht abgeschlossene Reifeprozesse, Möglichkeit des Nachholens dieser Entwicklungsverzögerungen noch im Alter sowie die Plastizität und Formbarkeit des Gehirns – zusammen, erschließen sich mir ganz neue Potentiale für jeden Lernenden: Das Schlüsselwort heißt Bewegung.

Betonen will ich an dieser Stelle noch einmal, dass Lernschwierigkeiten auch rein körperliche Ursachen haben können. Mit der geistigen Entwicklung geht immer eine körperliche Entwicklung einher und umgekehrt. Nicht umsonst sprechen wir von den drei Bereichen des Menschen: Körper – Geist – Seele. Sie unterliegen alle einem Entwicklungsprozess und beeinflussen sich in ihrer Entwicklung gegenseitig. Ist einer dieser Bereiche unterversorgt oder unterentwickelt, hat das immer Auswirkungen auf die anderen zwei Bereiche.

Anspannen – Entspannen

Nicht nur, um die beiden Gehirnhälften in Harmonie zu bringen, auch um den ganzen Körper zu entspannen, ist Bewegung das A und O.

Wer viel am Schreibtisch sitzt und lernt, verspannt sich schnell. Schul- und Lernstress setzen sich in den Muskeln fest. Um diese körperlichen Verspannungen abzubauen, gibt es nichts Besseres als Bewegung. Deshalb empfehle ich jedem, der viel lernen will, für regelmäßige Bewegung zu sorgen.

Warum? Lernen ermüdet das Gehirn, während alle anderen Organe und Körperteile unterbeansprucht sind. Durch einen entsprechenden Ausgleich kann die Harmonie wieder hergestellt werden. Also raus aus dem Sofa, rein in die Sportkleidung – und laufen, Schwimmen oder ins Fitness-Studio gehen! Oft reicht schon ein schneller, ausgedehnter Spaziergang an der frischen Luft, um den Körper ins Gleichgewicht zu bringen.

Für mich waren Schwimmen und lange Spaziergänge mit dem Hund der körperliche Ausgleich zum Lernen. Nun ja, nicht zu vergessen das Toben mit den Kindern und die Hausarbeit.

Wie entstressend Hausarbeit wirken kann, lernte ich in der Zeit meines Studiums bewusst zu schätzen. Hatte ich die Hausarbeit zuvor immer als ein notwendiges Übel in Kauf genommen, so war sie mir jetzt willkommen, weil sie mir half, auf abwechslungsreiche Weise meine Aggressionen und Verspannungen abzubauen. Durch die manchmal ruhige, fast meditative Arbeit war es mir möglich, über das Gelernte nachzudenken. Überrascht stellte ich fest: Beim Bügeln kamen mir immer sehr gute Ideen für meine Ausarbeitungen. Durch die gleichwohl recht monotone manuelle Tätigkeit wurde mein Gehirn richtig aktiv.

Es kommen auch Zeiten, in denen einen die Gedanken an die bevorstehende Prüfung nicht mehr schlafen lassen. Die Fülle des noch zu lernenden Stoffes macht einen nervös – ein falsches Wort des Gegenübers, und man reagiert völlig unangemessen. Zuweilen ist man dann unausstehlich. „Nicht mehr Abschalten können" heißt das Problem.

Um zur Ruhe zu kommen, benötigt man andere Methoden, als wenn man Stress abbauen will, obwohl das eine auch für das andere gut ist. Autogenes Training, Progressive Muskelentspannung und Yoga trainieren die Balance zwischen Anspannung und Entspannung. Für Menschen, die nicht mehr entspannen können, sind diese Techniken eine wertvolle und unverzichtbare Hilfe.

Zugegeben, ich selbst konnte diese Möglichkeiten während der angespannten Endphase des Studiums nicht richtig nutzen. Mein Arbeitstag war vollgestopft mit den unterschiedlichsten Tätigkeiten. Abends sank ich ins Bett, und das nochmalige, ruhige Durchgehen der Tagesereignisse empfand ich als angenehm. Wenn sich dann doch einmal meine Gedanken nur mit meinen Prüfungsthemen beschäftigten und sich immer im Kreis drehten, zwang ich mich bewusst, an etwas anderes zu denken. Wenn gar nichts mehr half, löste ich Matheaufgaben, die so komplex waren, dass ich über dem Lösungsversuch einfach einschlief.

Allerdings hatte ich in dieser Zeit sehr unruhige Träume, die mich immer wieder aufwachen ließen.

Der Rat eines Apothekers, den ich einmal um die Empfehlung eines Beruhigungsmittels bat, weil der berufliche Stress mich zu sehr belastete, lautete: Ein warmes Bad mit Hopfenextrakt oder Lavendel – oder wie wäre es mit einem „Guten-Abend-Tee" oder einem Glas Milch mit Honig?

Selbstheilungskräfte aktivieren und nutzen

Von Natur aus besitzen wir Menschen erstaunliche Selbstheilungskräfte, die uns helfen, Stresssituationen, Zeiten von Veränderungen, Krankheiten oder Verlusten gut zu überstehen.

Musische und künstlerische Methoden wecken und schulen dieses Selbstheilungspotential: Malen, Zeichnen, Singen, Musizieren, Tanzen, Schreiben und vieles mehr – Fertigkeiten, die wir oft schon im frühen Kindesalter kennen gelernt haben. Manches haben wir vielleicht schon immer gern getan, anderes mit Hingabe zelebriert. Beim Heranwachsen und im Erwachsenenalter ging dann vieles verloren.

All diese Fähigkeiten lassen sich jedoch gezielt einsetzen, um zu entspannen, um körperliche und geistige Blockaden abzubauen und um zu regenerieren, also um neue Kraft zu schöpfen.

Hingabe und Freude über die eigene Schaffenskraft mobilisieren und stimulieren die geistige und körperliche Harmonie. Sie hat einen großen Anteil daran, ob sich ein Mensch krank oder gesund und fit fühlt.

Das spielerische Vertrautwerden mit künstlerischen Tätigkeiten schon im Kindesalter dient als Ausgleich zu anderen Fächern. Außerdem bereitet es eine Grundlage, die jedem Menschen im Erwachsenenalter die Chance gibt, seine Selbstheilungskräfte zu aktivieren.

Nicht umsonst werden etwa Gestalt-, Musik-, Tanz- und Kunsttherapie im Rahmen konventioneller Therapieformen bei der Behandlung von Krankheiten eingesetzt.

Fast alle Menschen sind künstlerisch oder handwerklich begabt. Warum also nicht diese Talente für das eigene Wohlbefinden einsetzen und ihnen einen individuellen Anstrich geben?

Ganz nebenbei schaltet der Verstand um von Anspannung auf Entspannung – arbeitsfrei – und lässt damit intuitive Gedanken zu.

Jede Art von Tätigkeit braucht einen Ausgleich, damit die Harmonie zwischen Körper, Geist und Seele nicht verloren geht. Wer viel sitzt, braucht Bewegung. Wer viel denkt, kann durch das Malen oder Musizieren einen Ausgleich finden, und deshalb erlaubt ein Hobby es auch jedem Lernenden, einfach einmal abzuschalten.

Wasser

In keinem Seminar musste ich so viel trinken wie in dem Brain-Gym®-Seminar. „Müssen" ist hier das richtige Wort. Denn mittels Muskeltest konnte ich erleben, wie sich ein ausgeglichener Wasserhaushalt auf meinen Körper auswirkte. Warum?

Wasser ist ein ausgezeichneter Leiter für elektrische Energie. Der menschliche Körper besteht zu zwei Dritteln aus Wasser. Alle chemischen und elektrischen Aktivitäten des Gehirns und des zentralen Nervensystems sind abhängig vom Leitungsvermögen der Bahnen zwischen dem Gehirn und den Sinnesorganen. Psychischer und umgebungsbedingter Stress erschöpft den Körper und entzieht den Zellen Wasser. Wenn die Ernährung der Zellen und die Abfuhr der Schlacken über die Lymphbahnen einwandfrei funktionieren sollen, ist Wasser unentbehrlich.

„Wir sind nicht krank, sondern durstig", heißt ein Slogan. Dieser Satz macht uns darauf aufmerksam, wie wichtig eine ausreichende Versorgung mit Wasser ist, weil sich sonst körperliche Symptome bemerkbar machen. Wenn der Körper über genügend Wasser verfügt, verbessern sich die Konzentration sowie die geistige und körperliche Koordination. Gleichzeitig können wir besser kommunizieren. Das effiziente Speichern und Wiederabrufen von Informationen wird gefördert. Kurz, eine ausreichende Wasserversorgung verbessert alle zum Lernen benötigten Fertigkeiten.

Mittels Muskeltest lernte ich abzufragen, ob mein Körper über genügend Wasser verfügte oder nicht.

Da das meist nicht der Fall war, hieß es trinken, trinken, trinken. Vorzugsweise Wasser. Zwei Liter pro Tag sind ein ungefährer Richtwert. Neben Wasser sind auch verdünnte Fruchtsäfte, Kräuter- oder Früchtetees geeignet.

Heute weiß ich: Wenn ich am Schreibtisch arbeite und Kopfschmerzen bekomme, ist das ein Zeichen dafür, dass ich Durst habe! Früher dachte ich, es liege am Wetter oder einer sonstigen Unpässlichkeit. Durst meldet der Körper leider erst, wenn er an einer extremen Unterversorgung leidet.

Trinken gegen Kopfschmerzen – trinken, um besser zu lernen. Das Leben kann so einfach sein.

Auf das Thema Ernährung möchte ich in diesem Buch nicht eingehen. Deshalb an dieser Stelle nur der Hinweis: Eine gesunde, vitalstoffreiche Ernährung sorgt dafür, dass das Gehirn gut genährt wird, und bildet die Basis für einen gesunden Körper.

Der Satz „Du bist, was du isst!" von Max Otto Bruker, dem Vorreiter einer gesundheitsbewussten Ernährung, weist im besonderen Maße darauf hin, dass auch unsere Nahrung Einfluss auf unser Lernvermögen nimmt und mitentscheidet, ob wir gut lernen können oder nicht.

Mit allen Sinnen lernen

Das beste Mittel gegen Langeweile beim Lernen ist, das Lernen ganzheitlich zu gestalten, also mit allen Sinnen zu lernen. Lernen mit Musik oder bestimmten Düften, die das Lernen leichter machen, aber auch mit bestimmten Bewegungen, die Wissen ins Gedächtnis zurückholen.

Erinnerst du dich noch an den Lieblingskuchen deiner Mutter? Wenn ich an den Apfelkuchen meiner Mutter denke, habe ich den Eindruck, ihn nicht nur riechen, sondern fast auch schmecken zu können. Vor meinem geistigen Auge sehe ich unsere alte Küche, meine Mutter und meine Geschwister. Schon die Vorstellung dieses Geruchs ruft in mir Erinnerungen und ganz bestimmte Gefühle hervor.

Mehrere Gefühle werden zugleich erfahren – das ist bei den meisten Menschen so.

Wir nehmen nicht nur mit einem Sinn wahr, denn wir sind viel interessanter. Wir nehmen über verschiedene Sinneskanäle unsere Umwelt wahr, und ebenso unterschiedlich ist auch die Art zu lernen: Einige Menschen reagieren in erster Linie auf Töne und das gesprochene Wort. Andere müssen Grafiken, Tabellen oder ein Bild vor sich sehen, um eine Idee verstehen zu können. Wieder andere erfahren die Welt über ihren Körper. Sie lernen kinästhetisch, das heißt durch Bewegungsgefühl und durch Muskelempfindungen.

Das Lernen über die verschiedenen Sinneskanäle lässt sich durch den Einsatz passender Methoden gezielt unterstützen.

Düfte und Aromen

Düfte rufen Gefühle von Wohlbehagen bis Unlust hervor. Düfte und Erinnerungen werden im Limbischen System gemeinsam gespeichert. Vom ersten Tag unserer Existenz an nehmen wir Düfte wahr, verbinden sie mit den zugehörigen Stimmungen und speichern sie.

Jeder Mensch hat eine persönliche Verbindung zu jedem Duft. Nahmen wir zum Beispiel an einem schönen Tag in unserer Kindheit, an dem wir liebevoll verwöhnt wurden und an dem sich nur angenehme Dinge ereigneten, einen bestimmten Duft wahr, so werden wir diesen Duft noch Jahrzehnte später mit positiven Eindrücken assoziieren und ein Gefühl des Wohlbehagens empfinden.

Duft, Stimmung, Langzeit- und Kurzzeitgedächtnis sind im Limbischen System miteinander gekoppelt. Deshalb können Düfte Erinnerungen wachrufen und deshalb lassen sich mit einem Duft gespeicherte Lerninformationen leichter abrufen.

Gefährliche Düfte, etwa Brandgeruch oder Fäulnisgeruch, warnen uns ein Leben lang.

Andere Düfte wie Rosmarin, Basilikum, Minze und Zitrone können unser Gedächtnis aktivieren. Sie werden gern zur Unterstützung für intellektuelle Arbeit und bei Gedächtnisschwäche eingesetzt. Es ist bekannt, dass Duftessenzen von Rosmarin, Basilikum oder Pfefferminze eine aktive Aufmerksamkeit und hohe Konzentration hervorrufen. Nachweislich lösen sie die dafür verantwortlichen Beta-Gehirnströme aus, während Neroli und Jasmin zu Alpha-, Theta- und Delta-Strömen führen. Sie bewirken tiefe Entspannung.

Amerikanische und japanische Studien belegen detailliert, dass beispielsweise ein konzentrationsfördernder Pfefferminzgeruch im Büro die Tippfehlerrate erheblich senkt.

Blutdruck, Herzschlag und Atmungstätigkeit gehören nachweislich zu den „duftsensiblen" Körperfunktionen.

Über Düfte lassen sich die Bereitschaft zur Entspannung sowie Aufmerksamkeit und Lernfähigkeit stimulieren. Zusätzlich beeinflussen die Düfte die Psyche und vermögen buchstäblich ein positives, kreatives und konzentriertes Arbeitsklima herzustellen.

Farben

Ganz bekannt ist die Farbenlehre des Dichters Johann Wolfgang von Goethe. Schon Goethe wusste, dass bestimmte Farben besondere Gemütsstimmungen hervorrufen. Inzwischen ist es allgemein anerkannt:

Farben sind mehr als nur Dekor und Augenfreude, sondern sie beeinflussen die Psyche und das vegetative Nervensystem. Farben wirken auf unsere Wahrnehmung, die Stimmung und unser Verhalten. Sie können Entscheidungen motivieren und haben heilende Wirkung.

Auf der Basis dieser Erkenntnisse ergeben sich Möglichkeiten bei der Gestaltung des Arbeitsumfeldes. So unterstützen grün-blaue Farbtöne die Konzentration, und Gelb-Orange regt die Bereitschaft zur Aktivität an. Kaum bekannt ist jedoch, dass Farben eingesetzt werden können, um die eigene Tagesform zu stimulieren. Der Mensch unterliegt dem biologischen Rhythmus seines Körpers, einem 24-Stunden-Programm mit Leistungsspitzen und Erholungsphasen. Farben wirken auf den Biorhythmus ein, indem sie helfen, dieses Potential auszuschöpfen. Blau kann beispielsweise morgens zum Arbeitsbeginn den Blutdruck sanft steigern, Orange am Mittag die Leistung stimulieren und Gelb am Nachmittag die intellektuelle Kraft fördern.

Farben können auch die Zusammenarbeit im Team unterstützen:

- *Gelb* – fördert die Kommunikation und regt die Kreativität an; hilft, Ideen zu finden, kreative Prozesse einzuleiten und Erfahrungen auszutauschen.
- *Orange* – hilft bei Lösungsversuchen, bei Gruppenarbeit und bei der Vertiefung von Gelerntem.
- *Blau* – wirkt leidenschaftslos, begleitet die Präsentation von Fakten, unterstützt die Wissensvermittlung und fördert die Einzelarbeit.
- *Rot* – gilt als „aggressiv"; hilft, Maßnahmen zu definieren, positive Konflikte zu erzeugen,

Regeln aufzustellen und Vereinbarungen zu treffen.
- *Grün* – vermittelt zwischen unterschiedlichen Positionen, unterstützt es, Kompromisse zu finden, Zusammenfassungen zu schreiben, Feedback zu geben oder Erkenntnisse aus Konflikten zu ziehen.

Eine Liste mit den Farben und ihren Wirkungen findest du am Ende des Buches.

Musik

Musik hat Einfluss auf viele Faktoren, die für ein ganzheitliches gutes Arbeitsklima notwendig sind: dem psychischen Wohlbefinden und dem sozialen Verhalten. Sie dient der Motivations- und Entspannungsförderung und wirkt auf die Balance des vegetativen Nervensystems.

Musik entfaltet ihren Effekt über Rhythmus, Melodik, Harmonie und Lautstärke. Die Hörkanäle unseres Ohrs führen über den Thalamus (Hauptteil des Zwischenhirns) zum Limbischen System, dem „Gefühlszentrum" unseres Gehirns. Aus diesem Grund wirkt Musik noch stärker auf unsere Emotionen als vergleichsweise das Sehen.

Langsame Barockmusik zum Beispiel erzeugt im Gehirn den sogenannten „Alpha-Zustand", den wir als schwebende Aufmerksamkeit, geistige Klarheit und körperliche Ruhe wahrnehmen und nutzen können. Grundsätzlich gilt: Musik mit einer Taktzahl von 60 bis 70 Schlägen pro Minute ist entspannend, während eine Taktzahl von 80 bis 100 Schlägen pro Minute aktivierend wirkt. Rockmusik und Heavy Metal versetzen den Körper sogar in Stress.

Wenn du Musik zum Lernen nutzen willst, fühle deshalb bei deiner Auswahl immer erst: Was macht diese Musik mit mir?

Aromen, Farben und Musik lassen sich gezielt einsetzen, um einen Lernprozess zu unterstützen. Den kritischen Lesern wird nicht entgangen sein, dass sich alle drei ebenso gezielt anwenden lassen, um uns zu manipulieren bzw. unser Lernen zu blockieren.

Nun einige Tipps, wie wir unsere Sinne für das Lernen nutzen können:

- ✓ Versuche einmal, dir Vokabeln einzuprägen, während du auf einer blühenden Wiese sitzt. Fällt dir später eine Vokabel nicht mehr ein, denke an die blühende Wiese. Erinnerst du dich nun an das Wort?

- ✓ Fachbegriffe lassen sich sehr gut in eine kleine Geschichte kleiden. Diese Geschichte kannst du vor dem inneren Auge visualisieren und hast sie immer griffbereit.

- ✓ Kreiere mal einen Song! Gesungene Texte kann das Gehirn fünfmal leichter behalten als gesprochene.

Ganzheitlich lernen heißt, beide Gehirnhälften zu nutzen. Erfreulicherweise sind die meisten Lerneinheiten heute so aufgebaut, dass sie beide Gehirnhälften ansprechen.

Gehirnjogging hilft den Muskel Gehirn gezielt zu trainieren, und wie beim Sport können wir auch das Gehirn durch ein gezieltes Aufbautraining kräftigen, um fit fürs Lernen zu sein.

Die Methoden sind vielfältig. Nichts spricht dagegen, unterschiedliche Varianten auszuprobieren.

Manche Themen liegen allerdings noch immer bloß in trockenen Abhandlungen vor. Dann lohnt es sich, selber kreativ zu werden und zu überlegen, wie man den Stoff, den man sich aneignen möchte, vielfältiger präsentieren kann. Stell dir vor, du wärst dein eigener Lehrer ...

Vera Birkenbihl gibt in ihrem Buch „Stroh im Kopf? Vom Gehirn-Besitzer zum Gehirn-Benutzer" viele wertvolle Tipps zum stressfreien Lernen.

Frauen lernen anders

Meiner Meinung nach gibt es drei Gründe, warum Frauen und Männer unterschiedlich lernen:

- die biologischen Unterschiede
- die genetische Veranlagung
- die soziale und historische Prägung

Die bekannteste Tatsache ist: Es gibt biologisch unterschiedliche Bedürfnisse von Frau und Mann!

Allein das Anerkennen und die Akzeptanz dieser Tatsache nimmt viel Stress aus dem Lernalltag, denn nun können wir uns auf unsere persönlichen Bedürfnisse konzentrieren.

Da ist zu einem der menstruale Rhythmus, das Auf und Ab der Hormone, die für das körperliche, emotionale und mentale Wohlbefinden eine Rolle spielen. Es gibt einfach Tage, an denen fühlt man sich nicht wohl und in dieser Zeit ist auch die Bereitschaft zur Informationsaufnahme beeinträchtigt.

Wissenschaftlich erwiesen ist, dass bei Frauen während des Menstruationszyklus in der Phase des hohen Östrogenspiegels die räumlichen Denkfähigkeiten nachlassen, sie bei Sprachtests aber besonders gut abschneiden. Hormonveränderungen beeinflussen die Leistungen, das Denken und Fühlen, und zwar beständig.

Je besser man seine mit diesen Hormonschwankungen verbundenen Empfindungen und die mit diesen Gefühlen einhergehenden Verhaltensweisen in den unterschiedlichen Phasen des Zyklus einschätzen kann, desto flexibler lässt sich reagieren.

Das gilt übrigens auch für die Zeit der Wechseljahre. Die Hormonschwankungen haben einen großen Anteil am Wohlbefinden einer Frau, denn sie steuern unbemerkt Aktivität und Passivität.

Großzügige Pufferzeiten, Ruhephasen und Erholungspausen lassen sich einplanen und eine gute Planung sorgt immer für mehr Gelassenheit im Alltag.

Eine weitere Erkenntnis der Wissenschaftler ist, dass es geschlechtsabhängig unterschiedliche Problemlösestrategien gibt:

So haben Frauen zum Beispiel gegenüber Männern eine bessere optische Wahrnehmung, ein detailgetreueres Erinnerungsvermögen und brillieren mit einer besseren Entscheidungsschnelligkeit. Außerdem sind sie sprachgewandter und haben zudem sprachlich einen größeren Einfallsreichtum. Des Weiteren verfügen sie über eine feinere Motorik der Hand und besitzen eine höhere Wahrnehmungsgeschwindigkeit.

Die Leistungsvorteile der Männer sind: ein besseres Abstraktionsvermögen. Sie sind bei mathematischen Schlussfolgerungen den Frauen überlegen. Sie werfen und fangen zielgerichteter, haben ein besseres räumliches Vorstellungsvermögen und zeigen bessere optische Leistungen beim Auffinden versteckter geometrischer Figuren.

Der Mutterinstinkt ist ein weiteres genetisches Programm. Leben Kinder mit im Haushalt, wird eine Mutter kaum Ruhe und Gelassenheit finden, wenn die Versorgung der Kinder nicht geregelt ist. Dazu gehört auch die emotionale Versorgung der Sprösslinge.

Zwar sagt man sich, jetzt muss ich mir die Zeit für mein Lernprojekt nehmen, doch immer schwingt das ungute Gefühl des Zweifels mit.

Die Tagesaktivitäten der einzelnen Familienmitglieder lassen sich durch ein kluges Zeitmanagement in Einklang bringen. Das Delegieren von Aufgaben an andere erwachsene Familienmitglieder wie Ehemann, Oma, Opa, Schwester, Bruder oder Freunde gehört dazu.

Weiß eine Mutter ihre Kinder gut versorgt, vermeidet sie inneren Stress.

So jedenfalls habe ich es erlebt. Allerdings musste ich erst einsehen, dass ich kein Computer bin und ein genetisches Programm nicht einfach verändert werden kann, nur weil ich es so will.

Nachdem ich jedoch akzeptieren konnte, dass es biologische Tatsachen und genetische Programme gibt, die einfach zu meinem Menschsein dazugehören und die damit auch für mich gelten, hörte ich auf, sie als Feind zu betrachten. Stattdessen versuchte ich sie nach und nach in meinen Lebensalltag einzubauen. Und plötzlich erlebte ich eine Kraft und Souveränität, die mir zuvor völlig fremd gewesen war.

Die soziale und historische Prägung ist ein weiterer, wichtiger Grund, warum Frauen anders lernen.

Bei dem Thema „Keine Lust zu lernen" habe ich bereits einige Strukturen beschrieben, die ein erfolgreiches Lernen ausbremsen können.

Hinzu kommen generationsübergreifende Verstrickungen, die wir manchmal von unseren Vorfahren übernommen haben.

Alle Erlebnisse des Lebens werden durch die Brille der Geschlechterzugehörigkeit erfahren und bewertet. Geprägt durch diesen Filter finden sie Eingang in die existentielle Erfahrungswelt des Menschen.

Das hat zur Folge, dass die Lernbiografien von Frauen und Männern immer durch unterschiedliche, historisch gewachsene Denkmuster geprägt sind.

Ein realistischer Blick in der Vergangenheit, auf das Leben der Eltern und der Vorfahren, vermittelt ein Gefühl für evtl. Verflechtungen, die, sollten sie sich als blockierend erweisen, mit Unterstützung eines ausgebildeten Coach gelöst werden können.

Viele Frauen der mittleren und älteren Generation sind in einem Schul- und Ausbildungssystem aufgewachsen, in dem Selbstlernkompetenzen spärlich vermittelt wurden.

Das zarte Pflänzlein Selbstbewusstsein wurde vielfach mit Füßen getreten und bekam selten eine Chance zum Wachsen.

Erst in den letzten Jahren änderte sich das Bildungssystem. Das Vermitteln von Selbstlernkompetenzen wurde in die Lehrpläne aufgenommen. Man erkannte, dass, wenn ein lebenslanges Lernen propagiert wird, auch die dazugehörigen Kompetenzen vermittelt werden müssen.

Dieser Ansatz führte zu einer Umstellung der Lehrpläne, mit dem Ziel, heute junge Menschen aus den Schulen zu entlassen, die über Selbstlernkompetenzen verfügen. Alle anderen bleiben weiterhin sich selbst überlassen.

Beginnt zum Beispiel eine Frau nach der Familienphase den Wiedereinstieg in das Erwerbsleben mit einer Ausbildung in einem neuen Beruf, bekommt sie es nicht nur mit einem Berg von berufsspezifischem Fachwissen zu tun, sondern sie muss sich gleichzeitig mit der Organisation und dem Strukturieren des Lernens an sich (Lernmethoden, Zeiten usw.) sowie mit der Frage „Wie bekomme ich das nur alles in meinen Kopf hinein?" auseinandersetzen.

Viele Frauen wissen nicht, dass die Bereitschaft zur Veränderung und das Wissen, wie mit Veränderungen aktiv umgegangen werden kann, in jedem Menschen von Natur aus angelegt sind. Das Handwerkszeug liefern neue Lernmethoden und individuelle Strategien, die man sich aneignen kann. Der eigene Anspruch, Neuerungen in Beruf und Alltag mitgestalten zu wollen, erhöht die Motivation und die Flexibilität.

Eigenverantwortliches und selbstorganisiertes LERNEN sind Kompetenzen, die man trainieren kann.

Frauen haben ein hohes Sprach- und Einfühlungsvermögen, deshalb hier noch einige Tipps, die dir helfen können, noch mehr Freude am Lernen zu entwickeln.

So bringt Lernen Freude:

- ✓ Verknüpfe wissenschaftliche Erkenntnisse mit dem gelebten Leben. Frauen sind intuitiv und kommunikativ. Dies ist ein Schatz, der sich nutzen lässt.

- ✓ Lass ganz bewusst dein Erfahrungswissen einfließen. So gestalten sich die Lernprozesse für dich dichter und intensiver - das LERNEN fällt leichter.

- ✓ Lebe die Kommunikation mit anderen. Frauen brauchen den Austausch. Reden, diskutieren usw. ist erlaubt! Gerade im Kontakt mit anderen entwickeln wir Frauen uns weiter.

- ✓ Für viele Frauen ist die Verbindung von Lernen oder Arbeiten mit Kommunikation kein Widerspruch. Im Gegenteil.

- ✓ Und vor allem, bleibe gelassen und kultiviere deinen Humor.

Lernen ist Leben – Leben ist Lernen

Lernen fürs Leben ist viel mehr als das Aneignen von Schul- und Fachwissen. Ich behaupte „Lernen ist Leben oder Leben ist Lernen."

In meinen Augen ist das Lernen ein lebenslanger Entwicklungsprozess, in dem es letztendlich darum geht, die Persönlichkeit des Menschen zu formen.

Eine Recherche der Harvard Business School unter Führungskräften sollte zeigen, was einen Menschen in eine Führungsposition bringt: Sind es seine fachlichen oder vielmehr seine persönlichen Qualitäten?

Die Analyse ergab, dass 85 % all jener, die es bis „ganz oben" geschafft hatten, aufgrund ihrer persönlichen Qualitäten gefördert wurden; nur 15 % schafften es aufgrund eines speziellen Fachwissens.

Demnach sind es hauptsächlich die menschlichen Qualitäten, wie persönliche Integrität, Verantwortungsbewusstsein und ethische Werte, die einen Menschen für eine Führungsrolle befähigen.

Daneben werden je nach Berufsfeld unterschiedliche Stärken gefordert. Ein Pilot braucht ein anderes Persönlichkeitsbild als ein Schuhverkäufer.

Teamfähigkeit, Mut, Toleranz, Zuverlässigkeit, Ehrlichkeit, Geduld, Disziplin … Übrigens, auch Charakterstärken kann man entwickeln und trainieren.

Den Sinn erkennen

„Mein Leben muss doch einen Sinn haben, warum lebe ich sonst?" Diese Frage stellt sich wohl jeder irgendwann einmal im Leben.

Lernen ist ein natürliches Bedürfnis des Menschen. Wenn uns etwas interessiert, lernen wir leicht. Du empfindest es nicht einmal als lernen – es ist ein rein selbstverständliches Kennenlernen. Deshalb verlangen wir nach einem Sinn in unserem Tun.

Falls du jedoch das Gefühl hast, was du da lernen sollst, sei für dich vollkommen unsinnig, empfindest du das Lernen nur als Frust.

Hast du schon herausgefunden, was dich interessiert, wo du deine Talente hast und deine Stärken liegen, was dir Spaß macht, was dir leichtfällt?

Überlege, ob es für dich eine berufliche Tätigkeit in diesem Bereich gibt. Es gibt nichts Schöneres als in einem Berufsfeld zu arbeiten, indem man das Gefühl hat, genau richtig zu sein.

Das was wir lieben, tun wir gerne und in dem was wir gerne tun, sind wir auch meist sehr erfolgreich.

Wir fühlen uns wohl, weil es genau das ist, was wir zu diesem Zeitpunkt machen möchten.

Ein kleines Erlebnis zeigte mir, wie wichtig es ist, in seiner Tätigkeit ganz präsent zu sein: Als Dozentin traf ich immer erst in letzter Minute am Veranstaltungsort ein und musste dann sofort in den Unterricht. Einmal veranstaltete ich ein Seminar zusammen mit einer Co-Referentin. Wieder einmal kam ich vollkommen abgehetzt am Ort des Geschehens an. Zu meinem Erstaunen fand ich meine Partnerin in aller Ruhe Kaffee trinkend im Eingangsbereich sitzen. Ich wusste, sie war eine erfolgreiche Geschäftsfrau und hatte sich diese Zeit mühevoll abgeknapst – und jetzt dieses Bild. Gelassen begrüßte sie mich. Als ich sie verwundert darauf ansprach, erfuhr ich: Sie fuhr stets rechtzeitig zu Schulungsveranstaltungen, war meist schon mindestens 15 Minuten vorher am Ort. So hatte sie Zeit, alles in Ruhe vorzubereiten und vielleicht sogar noch einen Kaffee zu trinken. „Und dann nehme ich meinen Hut, setze ihn auf und bin Lehrerin. Ich bin ganz für meine Schüler da!"

Der Hut war natürlich nur symbolisch gemeint. Frau, Geschäftsfrau und Mutter – eine Frau hat viele Rollen zu erfüllen. Zwischen den Rollen oder Tätigkeiten muss eine Abgrenzung erfolgen, damit jede einzelne gut ausgefüllt werden kann.

Durch das Aufsetzen ihres symbolischen Hutes nahm meine Partnerin die Rolle der Lehrerin ein. Ich brauche wohl nicht zu erwähnen, dass sie eine wundervolle Lehrerin war, die komplizierte Sachverhalte ruhig, übersichtlich und für alle verständlich erklären konnte.

Nach diesem Erlebnis kam ich nie wieder abgehetzt zu einer Veranstaltung. Dabei stellte ich fest: Wenn man sich bei seiner Tätigkeit bewusst im Hier und Jetzt befindet, das heißt völlig präsent ist, hat man Zugang zu anderen inneren Ressourcen.

Wenn die Aufgabe genau das ist, was man zu diesem Zeitpunkt machen möchte, ist man authentisch.

Die Hingabe, mit der man seine Arbeit verrichtet, verleiht einem eine andere Ausstrahlung, Souveränität und Autorität. Deshalb ist es so wichtig zu wissen, was wir wirklich wollen.

Ob Ausbildung, Studium oder Weiterbildung, sich weiterzubilden benötigt Zeit und Raum.

Sich Räume schaffen, Zeiträume, finanzielle Spielräume, kreative Gestaltungsräume und inspirierende Wissensräume, bedeutet oftmals Verzicht auf andere Annehmlichkeiten, wie Zeit für Freunde oder Familie, lange durchfeierte Nächte, regelmäßige Geldeinnahmen und vieles mehr.

Das Vertrauen darauf, dass das, was ich tue, genau das ist, was ich zu dieser Zeit machen möchte, ist sehr beruhigend und lässt einen auch die mit langen Lernprozessen verbundenen Rückschläge, die anscheinend endlos dauernden Zwischenzeiten leichter bewältigen.

Lernen kann lustvoll sein und Spaß machen, doch der Weg, auf diese Weise Wissen zu erwerben, kann nur freiwillig beschritten werden.

Es bedarf der eigenen Hinwendung, des Willens zum Erfolg und der persönlichen Hingabe.

Obwohl lernen leicht sein kann und uns viele Hilfsmittel zur Verfügung stehen: Es kann uns niemand abnehmen.

Doch durch die Übernahme der Verantwortung für mein Wohlergehen entwickle ich Kraft und Mut, um gelassen auf das Neue zuzugehen.

Das alles wird jedoch nur glücken, wenn ich in dem, was ich tue und was ich bin, einen Sinn sehe.

Ich möchte das Buch mit einigen Zeiten von Johann Wolfgang von Goethe beenden.

Es reicht nicht zu wissen,
man muss es auch anwenden.

Es reicht nicht zu wollen,
man muss es auch tun.

Johann Wolfgang von Goethe

Hilfreiche Tipps, Strategien oder Techniken bringen nichts, wenn sie nicht angewendet werden. Nur durch die während der praktischen Anwendung erworbene eigene Erfahrung lässt sich feststellen, ob etwas zu unserem Lebensstil passt oder nicht und ob es uns erfolgreich beim Erreichen unserer Ziele unterstützt oder nicht.

Ich wünsche dir viel Freude beim Ausprobieren.

Anhang

Farben und ihre Wirkungen – auch auf das Lernen

gelb	sanft reizend
	intellektuelle Kraft
	kommunikativ
	Bewegung
	leicht
	kreativ
	aktiv
orange	gesellig
	Partizipation
	Du-Bezug
	reizend
	aktiv
	verströmend
	Macht und Wissen
rot	stark aktivierend
	Leidenschaft
	Erregung
	geistig belebend
	bewusstes Wollen
	dynamisch
	kraftvoll

	Spannung
blau	passiv
	desintegrierend
	Konzentration
	Wahrheit
	Vertiefung
	leidenschaftslos
	seriös
grün	Gleichgewicht
	Mitgefühl
	ausgleichend
	passiv
	neutral
	bleibend
	beruhigend
	Sicherung
weiß	Vergessen
	Anfang
	Klarheit
	vital
	leer
	Einfachheit
	Neues

Weitere Bücher
von Telse Maria Kähler

Weitere Bücher

Eisprinzessin sucht Liebe – Roman
Wenn sich Beruf und private Gefühle vermischen, gerät das Leben schnell aus den Fugen. Zeit, die eigene Krone neu aufzurichten!

In Sandalen nach Alaska – Roman
Beim Englischlernen begegnet Nina dem Amerikaner Paul. Dann zeigt sich, dass sie eine gemeinsame Vergangenheit haben.

Im Land der Großen Wasser – Roman
Annas spannende Suche nach den Weisheiten der Indianer führt sie zu sich selbst und einer neuen Liebe.

Die Suche nach dem Taggeheimnis – Kurzgeschichten
Eine Auswahl von Kurzgeschichten, eingebunden in eine Rahmenhandlung, die erzählt, wie eine Frau zum Schreiben kam und nicht mehr davon lassen konnte.

www.telse-maria-kaehler.de

Über die Autorin

Telse Maria Kähler wurde 1954 in Lübeck geboren. Seit 1993 lebt sie in Isenbüttel bei Gifhorn. Die Informatikerin ist verheiratet und hat zwei erwachsene Kinder.

Um ihrem technisch-analytischen Beruf etwas entgegenzusetzen, begann sie vor einigen Jahren Kurzgeschichten und Romane zu schreiben. In ihren Ratgebern beschäftigt sie sich mit Themen rund um Beruf und Karriere.